PONS

Anfängerkurs Spanisch

Das komplette Sprachpaket

Ernst Klett Sprachen GmbH
Barcelona • Belgrad • Budapest • Ljubljana • London • Posen • Prag
Sofia • Stuttgart • Zagreb

PONS
Anfängerkurs Spanisch
Das aktive Sprachpaket

unter Mitarbeit von
Dominique Nißler

Auf der Basis von ISBN 3-12-561253-5

Dieser Titel ist inhaltlich identisch mit:
PONS Anfängerkurs Spanisch
Das aktive Sprachpaket
ISBN: 3-12-560719-1

Auflage A1 6 5 4 3 / 2010 2009 2008 2007

Internet: www.pons.de
E-Mail: info@pons.de

Redaktion: Antje Wollenweber
Logoentwurf: Erwin Poell, Heidelberg
Logoüberarbeitung: Sabine Redlin, Ludwigsburg
Einbandgestaltung: deutschewerbeagentur
Illustrationen: Marlene Pohle, Stuttgart
Titelfoto: Vlado Golub, Stuttgart
Layout/Satz: **beluga**design, Stuttgart
Druck: Legoprint
Printed in Italy.
ISBN: 978-312-560804-7

Willkommen in der Welt der spanischen Sprache

Sie möchten Spanisch schnell lernen und das mit Freude und Motivation? Sie möchten in alltäglichen Situationen und im Urlaub gut zurechtkommen?
Mit diesem Kurs lernen Sie im Urlaub und im Alltag sicher zu kommunizieren. Mit einer modernen, kommunikativen Lernmethode trainieren Sie in lebensnahen Situationen Sprechen und Verstehen. Dafür steht eine interessante Fortsetzungsgeschichte im Mittelpunkt. Gleichzeitig bekommen Sie solide Grundkenntnisse in Grammatik, Wortschatz und Landeskunde mit abwechslungsreichen Übungen vermittelt. Durch seinen flexiblen Ansatz ist der Kurs sowohl für Anfänger als auch für Wiedereinsteiger geeignet. Intelligentes Feedback und Tipps zum Sprachelernen tragen dazu bei, dass Sie als Selbstlerner die Sprache schneller lernen können.

Wie ist der Kurs aufgebaut?

Der Kurs besteht aus 16 Lektionen und 4 Revisionen. Nach jeweils 4 Lektionen wiederholen Sie die Inhalte in einer der Revisionen.

Jede Lektion setzt sich aus 4 Bereichen zusammen:

▸ Zum Starten Hier werden Sie auf den Dialog und die Inhalte der Lektion vorbereitet.

▸ Fürs Ohr Der Dialog bzw. die Fortsetzungsgeschichte steht im Mittelpunkt der Lektion. Hörverständnis und die Aussprache werden hier ausführlich geübt.

▸ Zum Üben Hier werden die Inhalte, sei es Grammatik, Kommunikation oder Wortschatz systematisch präsentiert und danach in abwechslungsreichen Übungen gefestigt.

▸ Zum Abschluss Interkulturelles, Spiele oder weitere Übungen runden die Lektion sinnvoll ab.

Die Revisionen bestehen auch aus 4 Bereichen:

▸ Kommunikation Hier finden Sie Aufgaben zur Wiederholung der kommunikativen Inhalte der vorherigen 4 Lektionen.

▸ Grammatik Dieser Bereich bietet Wiederholungsübungen zu den wichtigsten grammatikalischen Inhalten.

▸ Wortschatz In diesem Bereich wiederholen Sie den eingeführten Wortschatz nochmals.

▸ Aussprache Hier können Sie ihre Aussprache noch einmal intensiv üben.

In der oberen Leiste der Seiten, die Sie hier sehen, können Sie leicht erkennen, in welchem der Bereiche Sie sich befinden. Weiterhin erhalten Sie hier eine Angabe zu den Inhalten der jeweiligen Seite.

Übungen:

Die Übungen sind in den Lektionen durchnummeriert, damit Sie schnell und leicht einen Überblick haben, wo Sie sich befinden. Ebenfalls hilft es Ihnen bei der Überprüfung der Lösungen. Die Lösungen finden Sie im Begleitheft.
Bildsymbole geben Ihnen an, ob Sie einen Stift, ein zusätzliches Blatt oder eine der CDs für die jeweilige Übung brauchen:

Dieses Bildsymbol zeigt Ihnen, welche der CDs Sie für diese Übung brauchen: Die obere Zahl gibt Ihnen an, welche der Audio-CDs Sie benötigen, die untere Zahl ist die Tracknummer auf der entsprechenden CD.

Für eine Übung mit diesem Symbol brauchen Sie einen Stift, um etwas zu schreiben oder einzutragen.

Auch für diese Übungen brauchen Sie einen Stift, diesmal um etwas anzukreuzen oder zu verbinden.

Bei diesem Symbol werden Sie aufgefordert ein zusätzliches Blatt zu verwenden, um die Übung zu machen.

Mit diesem Symbol werden Sie darauf hingewiesen, dass Sie die Inhalte besonders aufmerksam lesen sollten.

Gut zu wissen:
Achten Sie darauf, dass **mí** einen Akzent braucht, um sich von der Form **mi** *(mein/e)* zu unterscheiden.

In der Box erhalten Sie nützliche und interessante Hinweise über die spanische Sprache und über landesübliche Besonderheiten.

Das Wortschatzfeld enthält Wörter und Wendungen, die für die jeweiligen Übungen hilfreich sind.

una señora activa – *eine aktive Dame*
tímido / a – *schüchtern*

▶ § 1 Das Alphabet — Diese Grammatikverweise geben Ihnen an, wo Sie weitere Informationen zu einem bestimmten grammatikalischen Thema erhalten können.

Inhaltsverzeichnisse:

Um schnell eine Übersicht über den Kurs und die Inhalte zu bekommen, können Sie in zwei verschiedenen Inhaltsverzeichnissen nachschauen:

Inhaltsverzeichnis nach Lektionen:
Hier sehen Sie, welche Inhalte in den einzelnen Lektionen und Revisionen zu finden sind.

Inhaltsverzeichnis nach Kategorien:
Dieses Inhaltsverzeichnis gliedert sich nach verschiedenen Kategorien: *Dialoge*, *Kommunikation*, *Grammatik*, *Wortschatz*, *Aussprache* und *Interkulturelles*.

Wenn Sie ein bestimmtes Thema lernen oder wiederholen möchten, können Sie hier ganz schnell erkennen, welche Übungen Sie dafür machen sollten.

Begleitheft:

In diesem finden Sie folgende Inhalte:

Transkriptionen:
Alles, was Sie hören, können Sie auch nachlesen! Und wenn Sie die Dialoge nicht genau verstanden haben, können Sie auch die Übersetzung zur Hand nehmen.

Lösungen:
Damit Sie wissen, was Sie richtig und falsch gemacht haben, sind die Lösungen aller Übungen zusammen mit einem intelligenten Feedback und Lerntipps aufgeführt. **Tipp**

Grammatikübersicht:
Wollen Sie etwas nachschlagen? Hier finden Sie ausführliche Erklärungen zu allen wichtigen Grammatikinhalten, die in diesem Kurs gelernt werden.

Wortverzeichnis:
In diesem alphabetisch sortierten Wortverzeichnis finden Sie schnell alle verwendeten Wörter des Kurses mit deren Übersetzungen.

Audio-CDs:

Das Paket umfasst
- 2 Audio-CDs mit sämtlichen Tondateien und Dialogen.
- 1 Audio-CD mit einem Vokabeltrainer. Hier können Sie sich alle Wörter und Wendungen anhören. Dabei können Sie die Vokabeln und die Aussprache üben.
- 1 Audio-CD für unterwegs. Eine CD mit der vollständigen Fortsetzungsgeschichte, sowie ausgewählte Sätze zum Üben. Mit dieser können Sie überall lernen und üben und somit schneller die Sprache erfolgreich lernen.

Dialoge

Kommunikation

Grammatik

Wortschatz

Aussprache

Interkulturelles

Wer ist wer in der Fortsetzungsgeschichte?

Die Geschichte spielt in Madrid in Spanien.

Dort wohnen Rosita, Jordi und Chema zusammen in einer Wohngemeinschaft:

Rosita kommt aus Mexiko und ist in Madrid, da sie ein Forschungsstipendium am dortigen Museum für moderne Kunst bekommen hat. Die Arbeit im Museum macht ihr viel Spaß.

Jordi ist aus Barcelona. Er macht gerade ein Praktikum in einer Firma und nach der Arbeit treibt er gerne Sport.

Chema arbeitet als Designer in einem Büro. Er mag seine Nachbarin Noelia.

Hier sehen Sie die Nachbarn von Rosita, Jordi und Chema, die Familie Giménez:

Agustín arbeitet als Abteilungsleiter bei einem internationalen Unternehmen. Seine Arbeit gefällt ihm sehr gut.

Charo ist mit Agustín verheiratet. Sie ist Hausfrau und immer etwas besorgt um ihre Familie.

Noelia, die Tochter von Agustín und Charo, studiert Betriebswirtschaft. Sie findet Chema sehr interessant!

Nacho, Noelias Bruder, wohnt in London, wo er Englisch studiert.

Doña Amparo ist die Mutter von Agustín. Sie geht gerne mit ihren Freundinnen im Park spazieren oder ins Kino.

1 TR. 01

Sie fangen gerade an, Spanisch zu lernen. Bevor es richtig los geht, lernen Sie die Länder kennen, in denen Spanisch gesprochen wird. Hier sehen Sie Rositas Flug von Mexiko nach Spanien. In beiden Ländern wird Spanisch gesprochen. In welchen anderen Ländern auch?

Schreiben Sie die Ländernamen in die richtigen Kästchen. Hören Sie sich danach auf der CD an, wie diese Länder auf Spanisch ausgesprochen werden.

Cuba
Argentina
Venezuela
Chile
Colombia
México
España

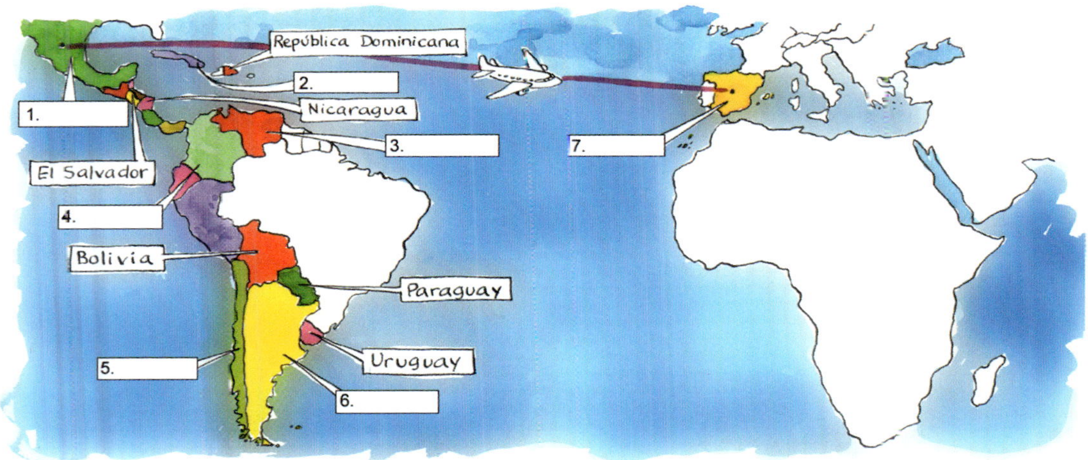

2 TR. 02

Sie kennen sicher schon einige Wörter auf Spanisch. Sehen Sie sich die Bilder an und lesen Sie die unten stehenden Wörter. Schreiben Sie die entsprechenden Wörter unter die passenden Bilder. Hören Sie sich dann die Lösungen auf der CD an und achten Sie dabei auch auf die Aussprache der Wörter.

1. ______

2. ______

3. ______

4. ______

5. ______

6. ______

la guitarra – el sombrero – la siesta – la paella – la sangría – la cerveza

Rositas Ankunft in der Wohngemeinschaft

3

In einer Wohngemeinschaft (**el piso compartido**) in Madrid klingelt es an der Tür. Chema und Jordi bekommen heute eine neue Mitbewohnerin: Rosita aus Mexiko.

Hören Sie sich den Dialog auf der begleitenden CD an und sehen Sie sich dabei die beiden Bilder an. Die Bilder helfen Ihnen, den Text zu verstehen.

4

Hören Sie sich den Dialog noch einmal an und lesen Sie dabei den Text im Begleitheft mit. Unterstreichen Sie dann die Stellen im Text, die Ihnen bekannt oder leicht vorkommen. Hören Sie sich den Dialog noch einmal an und sprechen Sie die markierten Stellen mit.

5

In welchem Wort kommt der angegebene Laut vor? Schreiben Sie das Wort in die entsprechende Lücke und überprüfen Sie danach Ihre Lösungen mit Hilfe der CD.

yo / pla**y**a – **gui**tarra – Mé**x**ico – ¡**Qué** bien! – **gue**rrilla

1. **ge** wie in „gern“: __________ 2. **gi** wie in „Gitter“: __________

3. **j** wie in „ja“: __________ 4. **ch** wie in „ach“: __________

5. **ke** wie in „Kern“: __________

6
1 TR. 05

Im Dialog kommen einige Redemittel vor, die man verwendet, um sich zu begrüßen und vorzustellen. Sehen Sie sich diese nun genauer an. Hören Sie sich auf der CD folgende Sätze an und achten Sie dabei auch auf die Intonation der Frage- und Aussagesätze. Versuchen Sie, sie nachzusprechen. Lesen Sie dann die Übersetzungen der einzelnen Redemittel.

1. Hola, buenos días. — a. *Hallo, guten Tag.*
2. ¿Qué tal? — b. *Wie geht's?*
3. Muy bien, gracias. — c. *Sehr gut, danke.*
4. ¿Eres catalán? — d. *Bist du Katalane?*
5. Yo soy Chema. — e. *Ich bin Chema.*
6. Éste es Jordi. — f. *Das ist Jordi.*
7. ¡Encantada! — g. *Angenehm!*
8. ¡Mucho gusto! — h. *Sehr erfreut!*

Gut zu wissen:
Wie Sie sehen, gibt es im Spanischen zusätzlich zu den bekannten Satzzeichen noch umgekehrte Frage- und Ausrufezeichen (¿ und ¡), die am Anfang einer Frage bzw. eines Ausrufs stehen.

7
1 TR. 03

Hier sehen Sie einen Teil des Dialogs: Auf der linken Seite auf Spanisch und auf der rechten Seite auf Deutsch. Leider sind die deutschen Sätze durcheinander geraten. Verbinden Sie sie mit den richtigen spanischen Sätzen. Wenn Sie möchten, können Sie sich zum Schluss noch einmal den ganzen Dialog auf Spanisch anhören und die Übersetzung des gesamten Dialogs im Begleitheft nachlesen.

1. *Chema:*	Claro, claro. Mira, éste es Jordi.	a. *Chema:*	*Ja, das ist wahr! Willst du die Wohnung anschauen?*
2. *Rosita:*	¡Encantada!	b. *Rosita:*	*Bist du Katalane?*
3. *Jordi:*	¡Mucho gusto!	c. *Jordi:*	*Ja.*
4. *Rosita:*	¿Eres catalán?	d. *Rosita:*	*Angenehm!*
5. *Jordi:*	Sí.	e. *Rosita:*	*Ja, sehr gerne.*
6. *Rosita:*	¡Qué bien! Somos un piso muy interesante.	f. *Chema:*	*Stimmt, stimmt. Übrigens, das ist Jordi.*
7. *Chema:*	Sí, es verdad. ¿Quieres ver el piso?	g. *Rosita:*	*Wie schön! Wir sind eine sehr interessante Wohngemeinschaft.*
8. *Rosita:*	Sí, con mucho gusto.	h. *Jordi:*	*Sehr erfreut!*

Gut zu wissen:
Jordi ist ein typisch katalanischer Name. Deshalb kann Rosita leicht erraten, aus welcher Region Spaniens er kommt.

8

Gut zu wissen:

Mit **¿qué tal?** fragt man nach dem persönlichen Befinden. Es kann aber auch anders verwendet werden, z. B.: **¿Qué tal el viaje?** – *Wie war die Reise?*

¡Hola! ¿Qué tal? ist eine allgemeine Begrüßungsform. Man antwortet normalerweise mit **Bien, gracias. ¿Y tú?** (Du-Form). Man kann auch je nach Tageszeit sagen:

Buenos días. (vormittags)
Buenas tardes. (ab etwa 14 Uhr und abends)
Buenas noches. (ab etwa 20 Uhr)

Das Pronomen **usted** wird für die Sie-Form verwendet (schriftliche Abkürzung: **Ud.**).

1 TR. 06 Hören Sie sich folgende Kurzdialoge an und sprechen Sie nach.

Hola, buenos días. ¿Qué tal? – Muy bien, gracias. ¿Y tú?
Hallo, guten Tag. Wie geht's? – Sehr gut, danke. Und dir?

Hola, buenas tardes. ¿Qué tal? – Bien, gracias. ¿Y usted?
Hallo, guten Tag/Abend. Wie geht's? – Danke, gut. Und Ihnen?

9

Gut zu wissen:

Um die Aufmerksamkeit der anderen auf jemanden oder auf etwas zu lenken, sagt man **Mira** (Du-Form) oder **Mire** (Sie-Form). Auf Deutsch heißt das wörtlich *Schau* bzw. *Schauen Sie*.

In unserem Dialog stellt Chema seinen Mitbewohner Jordi vor. Er sagt: **Mira, éste es Jordi.** Wenn eine Frau vorgestellt wird, sagt man aber **ésta es ...** Man kann darauf mit **encantado** (als Mann) oder **encantada** (als Frau) reagieren, oder mit **mucho gusto** (unveränderlich).

Hören Sie sich den Vorstellungsdialog zwischen Rosita, Chema und Jordi an. Übernehmen Sie dann die Rolle von Rosita. Was würden Sie an ihrer Stelle sagen? Schreiben Sie Ihre Reaktionen in die Lücken und sprechen Sie sie sich laut vor. Denken Sie daran: Als Frau sagen Sie **encantada**, als Mann sagen Sie **encantado**.

1 TR. 07

Chema: Hola, ¿qué tal?
Rosita bzw. *Sie:* ____________________
Chema: Bien, bien. Mira, éste es Jordi.
Rosita bzw. *Sie:* ____________________
Jordi: ¡Mucho gusto!

10 TR. 08

Hören Sie sich folgende Wörter mehrmals an und lesen Sie mit. Sprechen Sie sie dann nach. Achten Sie besonders auf die Aussprache der Buchstaben **c**, **z** und **v**.

Venezuela – gracias – cerveza

Anhand dieser Beispiele versuchen Sie jetzt, die folgenden Ausspracheregeln zu vervollständigen.

1. _____ wird am Wortanfang wie **b** in „bunt", ansonsten als weiches **b** ausgesprochen (die Lippen werden nicht ganz geschlossen).
2. _____ vor **e** und **i** sowie _____ werden wie das englische **th** im Wort „think" ausgesprochen.

Gut zu wissen:
In Lateinamerika und in Südspanien wird der Laut, der dem englischen **th** entspricht, immer als **s** ausgesprochen. Rositas Aussprache ist ein Beispiel dafür. Der Buchstabe **h** wird im Spanischen nie ausgesprochen, vgl. das Wort **hola**.

11 TR. 09

Welches dieser spanischen Wörter enthält folgende Laute? Ordnen Sie die Wörter den richtigen Lauten zu und überprüfen Sie Ihre Lösungen dann mit Hilfe der CD.

▸ § 2 Aussprache

mucho – español – viaje – paella

1. ____________ **gn** wie in „Cognac"
2. ____________ **ch** wie in „Sache"
3. ____________ **j** wie in „ja" bzw. **lj** wie in „Billard"
4. ____________ **tsch** wie in „Tschüss"

Gut zu wissen:
Das **j** in **Jordi** wird anders als in **viaje** ausgesprochen, denn es handelt sich um einen typisch katalanischen Namen. Die Aussprache ähnelt hier dem **j** in „ja", ist aber stimmhafter.

TR. 10

Erinnern Sie sich noch an die Aussprache des Wortes **Argentina** in der ersten Übung dieser Lektion? Wenn nicht, hören Sie sich das Wort noch einmal genau an.
Der Buchstabe **g** kann also wie **j** in **viaje** ausgesprochen werden, aber nur wenn ein **e** oder ein **i** folgt!

Die Aussprache – Substantive – Artikel

12

TR. 11

Die Aussprache einer Fremdsprache muss man natürlich viel üben. Hier sehen Sie fünf Bilder, die neue Begriffe zeigen. Kennen Sie einige schon? Lesen Sie die Wörter und versuchen Sie, sie auszusprechen, und überprüfen Sie dann ihre Aussprache mit Hilfe der CD. Sprechen sie die Wörter noch mehrmals nach, damit Sie sich die richtige Aussprache gut einprägen.

una cereza

una llave

una vela

un queso

una joya

13

▶ § 5 Substantive

Gut zu wissen:
Substantive, die auf **-ción** oder **-dad** enden, sind immer weiblich: **la información** *(die Information)*, **la verdad** *(die Wahrheit)*.
Substantive, die auf **-ema** enden, sind immer männlich: **el tema** *(das Thema)*.

▶ § 4 Artikel

Im Spanischen sind Substantive männlich oder weiblich. In der Regel sind Wörter, die auf **-o** enden, männlich (z. B. **sombrero**). Wörter, die auf **-a** enden, sind weiblich (z. B. **fiesta**). Sie haben jedoch auch andere Beispiele gesehen, wie z. B. **viaje** (männlich) oder **verdad** (weiblich). Es gibt nämlich mehrere Endungen, und am besten lernen Sie ein Substantiv immer mit dem Artikel: **el** für männliche Wörter und **la** für weibliche (auf Deutsch entspricht dies dem bestimmten Artikel *der* bzw. *die*).

Natürlich können Sie auch die entsprechenden unbestimmten Artikel benutzen: **un** (männlich), **una** (weiblich) (auf Deutsch: *ein*, *eine*).

TR. 12

Setzen Sie jeweils den entsprechenden Artikel in die Lücken und überprüfen Sie Ihre Lösungen mit Hilfe der CD.

1. ¿Quieres _____ paella?
2. ¿Quieres ver _____ piso?
3. Somos _____ piso interesante.

un – el – una

Welcher Artikel passt jeweils zu folgenden Wörtern? Kreuzen Sie die richtige Lösung an. Nur eine Antwort ist richtig.

■ el ■ la cerveza ■ un	■ un ■ la viaje ■ una	■ el ■ la verdad ■ un	■ la ■ un sombrero ■ una

14

Das Verb **ser** *(sein)* wird u.a. zur Angabe der Staatsangehörigkeit und der Namen benutzt, z.B.: **¿Eres catalán?** und **Yo soy Chema**.
Lesen Sie sich den Hauptdialog im Begleitheft noch einmal genau durch und suchen Sie die Verbformen von **ser** heraus und ergänzen Sie die fehlenden Formen. Hören Sie sich dann alle Formen auf der CD an und überprüfen Sie Ihre Lösungen.

1 TR. 13

yo *(ich)* _____	nosotros/nosotras *(wir)* ___________
tú *(du)* _____	vosotros/vosotras *(ihr)* sois
él/ella/usted *(er/sie/Sie)* _____	ellos/ellas/ustedes *(sie/Sie)* son

Die Personalpronomen verwendet man zur Unterscheidung verschiedener Personen oder zu ihrer Hervorhebung. Chema sagt: **Yo soy Chema**, da er nicht alleine ist (Jordi ist auch dabei). Rosita sagt hingegen: **¡Somos un piso muy interesante!**, weil es klar ist, dass alle drei gemeint sind.

Gut zu wissen:
Es gibt eine Höflichkeitsform für den Singular (**usted es**) und eine für den Plural (**ustedes son**).
Die Personalpronomen **nosotros** und **vosotros** haben auch eine weibliche Form: **nosotras**, **vosotras**.

▶ § 25 Subjektpronomen

Gut zu wissen:
In Lateinamerika wird **ustedes** statt **vosotros** verwendet, z. B.: **¿Ustedes son Chema y Jordi, ¿verdad?** anstatt: **¿Vosotros sois Chema y Jordi, ¿verdad?** *(Ihr seid Chema und Jordi, oder?)*.

15

Ein Freund in Mexiko hat Rosita gebeten, seiner Tante María Riera, die in Madrid lebt, ein kleines Geschenk mitzubringen. Rosita kennt sie noch nicht persönlich und hat sich mit ihr in einer Bar verabredet. Frau Riera sitzt schon mit ihrer Arbeitskollegin Juana an einem Tisch, als Rosita ankommt. Vervollständigen Sie den Begrüßungsdialog zwischen Rosita, María und Juana, indem Sie die passenden Wörter in die Lücken schreiben.

Rosita: ¿ ________ usted María Riera?
María: Sí.
Rosita: ¡Hola! ________ Rosita.
María: ¡Hola, Rosita! ¿ ____________________?
Rosita: Muy bien, gracias, ¿ ______________?
María: Bien … Mira, ________ es Juana.
Rosita: ____________________.
Juana: Mucho gusto.

qué tal – ésta – soy – encantada – es – y usted

Gut zu wissen:
Im spanischsprachigen Raum ist es durchaus üblich, eine ältere Person zu siezen, jedoch von ihr geduzt zu werden.

Zahlen von 0 bis 9 – Interkulturelles: Begrüßungskuss oder Händedruck?

16

TR. 14

§ 38 Zahlen

Hören Sie sich die Zahlen von null bis neun auf der CD an und sprechen Sie sie nach. Sehen Sie sich die Schreibweise der Zahlen an und lesen Sie sich die Zahlen mehrmals laut vor und vergleichen Sie Ihre Aussprache mit der Aufnahme auf der CD.

cero uno dos tres cuatro

cinco seis siete ocho nueve

17

TR. 15

¿Cuál es tu número de teléfono? *(Wie ist deine Telefonnummer?).*
Hören Sie sich auf der CD fünf Minidialoge an, in denen Telefonnummern angegeben werden. Versuchen Sie, die Nummern herauszuhören und aufzuschreiben. Hören sie sich die Dialoge so oft Sie möchten an und konzentrieren Sie sich dabei vor allem auf die Zahlen. Überprüfen Sie danach Ihre Lösungen, indem Sie die Transkriptionen der Dialoge im Begleitheft nachlesen.

Interkulturelles

18

Begrüßungsküsse (**besos**), eigentlich ein Streifen der Wangen, sind in Spanien (zwei Küsse) und Lateinamerika (ein Kuss) in informellen Situationen üblich – z.B. wenn man von Freunden vorgestellt wird. Unter Männern aber wird nur in der Familie geküsst, ansonsten umarmen sie sich oder klopfen sich auf die Schulter. Das Händeschütteln gehört eher zu einem sehr formellen und beruflichen Kontext.

Duzen oder Siezen? In Spanien kommt man schnell zum Du (**tú**), auch unter Kollegen oder in Geschäftsbeziehungen mit Kunden. Die Höflichkeitsform (**usted**) bedeutet Respekt gegenüber Älteren oder Vorgesetzten. In Lateinamerika wird öfter gesiezt als in Spanien. Wenn Sie sich nicht sicher sind, fangen Sie mit **usted** an und warten Sie auf die Reaktion des Muttersprachlers.

1 R. 16

Hier sehen Sie eine spanische Wohnung. Hören Sie sich auf der CD die spanischen Begriffe für die Zimmer an und sprechen Sie sie nach. Können Sie die Wörter den entsprechenden Zimmern zuordnen? Tragen Sie die Zahlen in die Kästchen ein. Sehen Sie sich dann die Übersetzungen an.

■ la entrada – ■ el pasillo – ■ la cocina – ■ el salón – ■ la terraza – ■ el dormitorio – ■ el baño – ■ el balcón

la entrada – *der Eingang*
la terraza – *die Terrasse*
el pasillo – *der Flur*
el dormitorio – *das Schlafzimmer*
la cocina – *die Küche*
el baño – *das Badezimmer*
el salón – *das Wohnzimmer*
el balcón – *der Balkon*

2 R. 17

Hier sehen Sie einige Gegenstände aus dem Bereich Wohnen. Hören Sie sich auf der CD die Begriffe an und sprechen Sie sie nach.

un escritorio

un sofá

una bañera

un ordenador

un horno microondas

una alfombra

una estantería

un sillón

Gut zu wissen:
Sofá ist männlich! (**un sofá**)

Welche dieser Gegenstände haben Sie zu Hause? Schreiben Sie eine Liste auf Spanisch.

*Chema zeigt Rosita die Wohnung – Die Aussprache von **r***

3

1 TR. 18

Chema zeigt Rosita, der neuen Mitbewohnerin, ihr Zimmer und die anderen Räume der Wohnung. Hören Sie sich den Dialog an und sehen Sie sich die Bilder an. Die Bilder helfen Ihnen beim Verständnis. Hören Sie sich dann den Dialog nochmals an. Wenn Sie wollen, können Sie den Text im Begleitheft mitlesen.

4

1 TR. 18

Hören Sie sich den Dialog noch einmal an und lesen Sie den Text im Begleitheft mit. Wie sagt man auf Spanisch „Nichts zu danken"? Finden Sie die Wendung im Dialog und schreiben Sie sie in die Sprechblase.

5

1 TR. 19

Gut zu wissen:

Am Anfang eines Wortes (**Rioja**) oder als Doppelbuchstabe (**guitarra**) ist das **r** stark gerollt.

Die folgenden Wörter enthalten entweder ein normal gerolltes **r** (wie z. B. **mira**) oder ein stark gerolltes **r** (wie z. B. **terraza**). Hören Sie sich die Wörter an und sprechen Sie sie nach. Können Sie die zwei verschiedenen **r**-Laute heraushören? In welchen Wörtern kommt ein normal gerolltes **r** und in welchen ein stark gerolltes **r** vor? Markieren Sie die zwei **r**-Laute jeweils unterschiedlich und überprüfen Sie Ihre Lösungen im Begleitheft. Hören Sie sich zum Schluss die Wörter noch einmal an und sprechen Sie sie nach.

mira – terraza – Rosita – guerrilla – claro – estantería – Rioja – ahora – garaje – guitarra – lavadora – euro

6 1 TR. 20

Lesen Sie folgende Sätze und Redemittel aus dem Dialog und hören Sie sich diese gleichzeitig auf der CD an. Achten Sie dabei auch auf die Intonation der Aussagesätze und Ausrufe. Sprechen Sie die Sätze mehrmals nach. Sehen Sie sich dann die Übersetzungen an.

1. ¡Qué linda!
2. Es muy bonita.
3. Es muy grande.
4. ¡Estupendo!

a. *Wie schön!*
b. *Sie ist sehr schön.*
c. *Es ist sehr groß.*
d. *Toll!*

5. ¡Qué lujo!
6. ¿Necesitas algo más?
7. Estoy muy cansada.

e. *Was für ein Luxus!*
f. *Brauchst du sonst noch etwas?*
g. *Ich bin sehr erschöpft.*

8. ¿No quieres tomar nada?
9. Muchas gracias por todo.
10. ¡Hasta luego!

h. *Möchtest du nichts trinken?*
i. *Vielen Dank für alles.*
j. *Bis später!*

7 1 TR. 18

Hören Sie sich den Dialog an. Lesen Sie folgende Sätze und kreuzen Sie an, ob diese richtig oder falsch sind. Falls Sie sich nicht sicher sind, können Sie die Übersetzung des gesamten Dialogs im Begleitheft nachlesen.

	richtig	falsch
1. Rosita ist begeistert von der Küche.		
2. Die Wohnung hat nur ein Badezimmer.		
3. In Rositas Zimmer gibt es eine Terrasse.		
4. Chemas Zimmer ist aufgeräumt.		
5. Chema bietet Rosita etwas zu trinken an.		
6. Rosita ist müde und möchte sich ausruhen.		

Die Betonung – Die Pluralbildung von Substantiven und Artikeln

8

poquito – *ein (kleines) bisschen*
cenamos – *wir essen zu Abend*
usted – *Sie*
el catalán – *Katalane*
el número – *Zahl*

▶ § 3 Betonung und Akzentsetzung

Hören Sie sich folgende Wörter auf der CD an und unterstreichen Sie die betonten Silben.

1. poquito 2. cenamos 3. usted 4. catalán 5. número

Die Wörter, die auf Vokal (**-a**, **-e**, **-i**, **-o**, **-u**) oder **-n**, **-s** enden, werden auf der vorletzten Silbe betont: **poquito**, **cenamos**
Die Wörter, die auf Konsonant (außer **n** und **s**) enden, werden auf der letzten Silbe betont: **usted**
Alle Wörter, deren Betonung von diesen Regeln abweicht, erhalten einen Akzent: **catalán**
Einen Akzent haben auch alle Wörter, die auf der drittletzten Silbe betont werden: **número**

9

▶ § 5 Substantive

Um den Plural zu bilden, hängt man ein **-s** an die Wörter an, die mit einem Vokal (**a**, **e**, **i**, **o**, **u**) enden:

cocina + s ▶ cocinas **dormitorio + s ▶ dormitorios**

An Wörter, die mit einem Konsonant enden, hängt man **-es** an:

la ciudad – *Stadt*

mujer + es ▶ mujeres **ciudad + es ▶ ciudades**

Wörter, die im Singular auf der letzten Silbe einen Akzent (´) tragen, verlieren ihn im Plural.

salón + es ▶ salones

Bilden Sie den Plural folgender Wörter.

viaje – hotel – balcón – sombrero

10

▶ § 4 Artikel

Vervollständigen Sie die folgenden Sätze mit dem passenden Artikel. Die Pluralformen der Artikel sind **los / las** bzw. **unos / unas**.

1. ¿Quieres ver _____ baños?
2. ¿Tomamos _____ cervezas?
3. _____ amigas de Rosita son de México.
4. Tenemos _____ cuartos muy bonitos, ¿verdad?

Gut zu wissen:
Der unbestimmte Artikel im Plural kann weggelassen werden: **Tengo buenos amigos en Madrid.** – *Ich habe gute Freunde in Madrid.*

11

Adjektive richten sich in Geschlecht und Zahl nach dem Substantiv, auf das sie sich beziehen.

- Adjektive, die auf **-o** enden, bilden die weibliche Form auf **-a**:

  el escritorio pequeño **una cocina pequeña**

- Alle anderen Adjektive haben in der Regel nur eine Form für männlich und weiblich:

  una cama grande / un piso grande
  una mujer normal / un hombre normal

Ausnahmen sind die Nationalitätsadjektive auf Konsonant, z. B.:

español – española

Für die Pluralbildung gelten dieselben Regeln wie für Substantive. Hören Sie sich folgende drei Sätze im Plural an und konzentrieren Sie sich auf die Endungen. Sprechen Sie die Sätze dann nach.

Gut zu wissen:
Adjektive stehen meistens nach dem Substantiv, nicht aber z. B.: **¡Buenos días!** (übrigens: **el día** ist männlich!).
Adjektive werden immer angeglichen, z. B.: **La cocina es pequeña.** – *Die Küche ist klein.*

▸ § 5 Adjektiv

1 TR. 22

1. Los escritorios son nuevos.
2. Las camas son grandes.
3. Los hombres son españoles.

Este / esta *(diese/r)* können als Adjektiv (mit Substantiv: **este piso es bonito**) oder als Pronomen (ohne Substantiv: **éste es Jordi**) verwendet werden. **Esto** gilt als Neutrum und steht immer allein und ohne Akzent: **Esto es el salón.**

12

Sehen Sie sich die Bilder an und kreuzen Sie das entsprechende Adjektiv an. Achten Sie darauf, dass Adjektive und Substantive angeglichen werden. Die Übersetzung neuer Vokabeln finden Sie rechts im Wortschatzfeld.

dos armarios
- ■ nuevas
- ■ pequeños
- ■ enorme

un sofá
- ■ pequeña
- ■ enormes
- ■ nuevo

dos sillas
- ■ bonitos
- ■ elegante
- ■ modernas

una mesa
- ■ pequeñas
- ■ bonita
- ■ pequeño

la mesa – *Tisch*
la silla – *Stuhl*
moderno / a – *modern*
elegante – *elegant*
enorme – *enorm, riesig*

*Regelmäßige Verben auf **-ar***

13 (CD 1, TR. 23)

Gut zu wissen:
Bei **estar** ist nur die erste Person unregelmäßig (**estoy**). Bitte beachten Sie auch die Akzentsetzung:

estoy	**estamos**
estás	**estáis**
está	**están**

§ 13 Regelmäßige Verben

Lesen Sie folgende Sätze und ergänzen Sie die fehlenden Verben, indem Sie sich die Sätze 1 und 3 auf der CD anhören.

1. ¿ ____________ algo más? – Ahora sólo ____________ mi cama.
2. Chema cena en la cocina.
3. ¿Jordi y tú cenáis en el salón? – No, ____________ en la cocina.
4. Rosita, Chema y Jordi necesitan dos baños.

Sehen Sie sich nochmals die Verbformen oben an. Alle regelmäßigen Verben, die auf **-ar** enden, z. B. **necesitar** und **cenar**, werden folgendermaßen konjugiert:

necesit-o	**necesit-amos**
necesit-as	**necesit-áis**
necesit-a	**necesit-an**

An den Wortstamm (das, was übrig bleibt ohne die Endung **-ar**, z. B. **necesit-**) werden die jeweiligen Endungen angehängt.

14 (CD 1, TR. 24)

Hören Sie sich die folgenden Sätze an und setzen Sie die Verbformen in die passenden Lücken ein. Hören Sie sich die Sätze nochmals an und sprechen Sie sie nach. Die Übersetzungen neuer Wörter stehen links im Wortschatzfeld.

bailar – *tanzen*
el momento – *Moment*

toma – cenamos – necesito – estás – bailáis – están

1. ¿ ______________ muy cansada del viaje?
2. ______________ el baño un momento.
3. ¿ ______________ en el restaurante?
4. Los dormitorios ______________ desordenados.
5. ¿Vosotros ______________ flamenco?
6. Chema ______________ un café.

Gut zu wissen:
Im Spanischen werden Modalverben wie *müssen, sollen, wollen* nicht so oft benutzt. Wenn Sie einen Vorschlag machen wollen, können Sie direkt sagen: **¿Cenamos en el restaurante?**

15

Mit dem Wort **no** können wir einen Satz verneinen. **No** steht immer vor dem Verb.
Erinnern Sie sich an die Dialoge von Lektion 1 und 2? Sehen Sie sich folgende Sätze an und kreuzen Sie an, ob diese Sätze richtig (**correcto**) oder falsch (**falso**) sind. Wenn Sie sich nicht sicher sind, können Sie sich die Dialoge im Begleitheft noch einmal durchlesen.

▶ § 24 Verneinung

		correcto	falso
1.	Chema no es mexicano.		
2.	La cocina del piso no es grande.		
3.	El salón no es pequeño.		
4.	El cuarto de Rosita no tiene balcón.		

Im Dialog fragt Chema Rosita: **¿No quieres tomar nada?** Das heißt wörtlich: *Möchtest du nicht nichts trinken?* Steht das Wort **nada** nach dem Verb, so ist im Spanischen eine solche doppelte Verneinung erforderlich.

Gut zu wissen:
Im Gegensatz zum Deutschen ist diese doppelte Verneinung im Spanischen weiterhin eine negative, keine positive Aussage.

16

CD 1 TR. 25

Verbinden Sie die Fragen links mit den passenden Antworten rechts. Hören Sie sich dann die drei Reaktionen auf der CD an und sprechen Sie sie nach. Die Übersetzung neuer Ausdrücke finden Sie im Wortschatzfeld rechts.

soy de ... – *ich bin aus ...*
hoy – *heute*

1. Tú eres española, ¿no?	a. Sí. Hoy está un poco desordenado.
2. ¿Quieres tomar algo?	b. No, soy de México.
3. Éste es tu cuarto, ¿verdad?	c. No, gracias. Estoy muy cansada.

Gut zu wissen:
In dem Satz **No, soy de México.** muss man nach **No** beim Schreiben ein Komma setzen und beim Sprechen eine Pause machen, ansonsten wird er verneint.
No soy de México bedeutet nämlich: *Ich bin nicht aus Mexiko.*

17

CD 1 TR. 26

Sie kennen schon die Zahlen von 0 bis 9. Machen wir also weiter. Hören Sie sich auf der CD die Zahlen von 10 bis 19 an. Achten Sie auf die Aussprache und sprechen Sie die Zahlen mehrere Male nach.

10	diez	14	catorce	17	diecisiete
11	once	15	quince	18	dieciocho
12	doce	16	dieciséis	19	diecinueve
13	trece				

▶ § 38 Zahlen

18

TR. 27

Gut zu wissen:

Im Gegensatz zu den anderen Sprachen Spaniens stammt das Baskische nicht aus dem Lateinischen, sondern ist eine vorrömische Sprache. Auf Baskisch heißt sie **euskera**.

Wie Sie sicher schon wissen, wird Spanisch in Lateinamerika und in Spanien gesprochen. Es gibt aber noch andere offizielle Amtssprachen in Spanien. Kennen Sie sie? Hören Sie sich auf der CD die Sprachen an und sprechen Sie sie nach. Schreiben Sie sie dann in die richtigen Kästchen auf der Landkarte.

gallego – vasco (euskera) – catalán – español

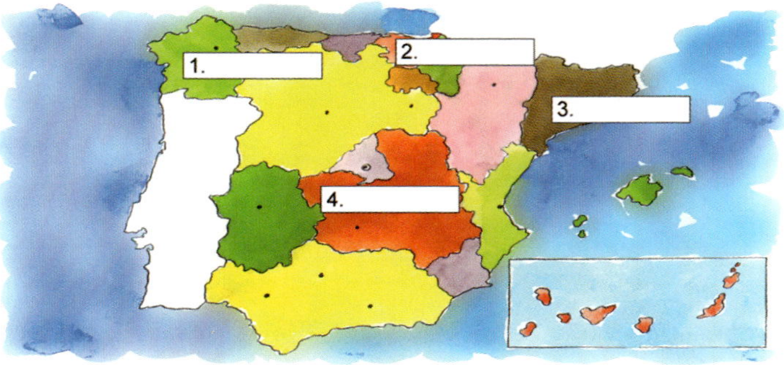

19

Madrid, die Hauptstadt Spaniens, hat über 3 Millionen Einwohner. Die Stadt zeichnet sich durch ein Klima mit heißen Sommern und relativ kalten Wintern aus.

Zu den Höhepunkten eines Besuchs zählen sicherlich die **Puerta del Sol**, das eigentliche Zentrum der Stadt, die **Plaza Mayor**, einer der bekanntesten und eindrucksvollsten Plätze Madrids, oder die großartigen Kunstmuseen **El Prado** und das **Museo de Arte Moderno Reina Sofía**. Weitere Sehenswürdigkeiten sind der **Parque del Retiro**, die wohl schönste Gartenanlage Madrids, in der man herrliche Spaziergänge oder auch eine Bootsfahrt auf einem See unternehmen kann. Eine völlig andere Sehenswürdigkeit von Madrid ist der riesige Flohmarkt, bekannt als **El Rastro**.

Madrid ist eine ausgesprochen lebendige Stadt, mit Cafés, Diskotheken und einem Nachtleben rund um die Uhr. Im Sommer gibt es nichts Schöneres, als auf einer der unzähligen, schönen Sommerterrassen etwas zu trinken.

Interkulturelles

1

1 TR. 28

Hier lernen Sie die Personen dieser Lektion kennen. Hören Sie sich auf der CD an, wie Rosita, Agustín und Noelia sich vorstellen. Sehen Sie sich dann die Übersetzungen unten an und ordnen Sie sie den entsprechenden spanischen Sätzen zu.

■ a. *Ich arbeite in einer internationalen Firma.* – ■ b. *Ich heiße Rosita und ich bin aus Mexiko.* – ■ c. *Ich studiere an der Universität.* – ■ d. *Ich bin Noelia, Agustíns Tochter.* – ■ e. *Ich arbeite in einem Museum in Madrid.* – ■ f. *Ich bin Leiter der Verkaufsabteilung.* – ■ g. *Ich heiße Agustín.*

2

1 TR. 29

Hören Sie nun, wie man sich im Spanischen verabschiedet, und sprechen Sie die Wendungen nach.

¡Adiós, buenas noches!	*Auf Wiedersehen, guten Abend / gute Nacht!*
¡Hasta pronto!	*Bis bald!*
¡Hasta mañana!	*Bis morgen!*
¡Hasta la próxima semana!	*Bis nächste Woche!*
¡Hasta luego!	*Bis später! / Tschüss!*

Rosita lernt ihre Nachbarn kennen

Gut zu wissen:
Es empfiehlt sich generell, beim Hören nicht gleich den Text mitzulesen, um den Klang und die Intonation der Fremdsprache besser wahrzunehmen.

3 (CD 1, TR. 30)

Es sind schon zwei Tage vergangen, seitdem Rosita in Madrid angekommen ist. Sie geht gerade aus der Wohnung und trifft den Nachbarn Agustín Giménez und seine 19-jährige Tochter Noelia, die gerade nach Hause kommen.
Sehen Sie sich die Bilder an und hören Sie sich den Dialog mehrmals auf der CD an. Sie werden dabei feststellen, dass Sie ihn jedes Mal ein wenig besser verstehen.

4 (CD 1, TR. 30)

Hören Sie sich den Dialog nochmals an und lesen Sie die unten stehenden Sätze. Wer sagt was? Schreiben Sie die entsprechenden Zahlen in die Kästchen. Wenn Sie sich nicht sicher sind, hören Sie sich den Dialog einfach noch einmal an. Lesen Sie dann die Übersetzungen unten.

1. 
2. 
3. 

- ■ a. Tengo una beca de investigación.
- ■ b. ¿De dónde eres?
- ■ c. Estoy muy contenta.
- ■ d. Administración de Empresas.
- ■ e. Muchas gracias, muy amable.
- ■ f. Usted es la nueva vecina, ¿verdad?
- ■ g. ¡Me encanta México!
- ■ h. Adiós, ¡igualmente!
- ■ i. Me gusta mucho.
- ■ j. Y usted, ¿cómo se llama?

Gut zu wissen:
Studienfächer schreibt man immer groß, z. B. **Administración de Empresas.**

Y usted, ¿cómo se llama? – *Und Sie? Wie heißen Sie?*
Tengo una beca de investigación. – *Ich habe ein Forschungsstipendium.*
Estoy muy contenta. – *Ich bin sehr zufrieden.*
Muchas gracias, muy amable. – *Vielen Dank, sehr freundlich.*
Usted es la nueva vecina, ¿verdad? – *Sie sind die neue Nachbarin, nicht wahr?*
¡Me encanta México! – *Ich liebe Mexiko!*
Administración de Empresas – *Betriebswirtschaft*
¿De dónde eres? – *Woher kommst du?*
Adiós, igualmente. – *Ebenso. Auf Wiedersehen!*
Me gusta mucho. – *Es gefällt mir sehr.*

5

1 TR. 31

Hören Sie sich einige der Sätze aus dem Dialog an und sprechen Sie sie jeweils nach. Sehen Sie sich dann die Übersetzungen an.

1. Me llamo Rosita Yáñez.	a. *Ich heiße Rosita Yáñez.*
2. ¡Bienvenida!	b. *Willkommen!*
3. Muchas gracias, muy amable.	c. *Vielen Dank, sehr freundlich.*
4. Es mi hija.	d. *Sie ist meine Tochter.*
5. Por supuesto.	e. *Selbstverständlich.*
6. Me gusta mucho.	f. *Es gefällt mir sehr.*
7. Soy mexicana, de la capital.	g. *Ich bin Mexikanerin, aus der Hauptstadt.*
8. ¡Es un país fantástico!	h. *Es ist ein tolles Land!*
9. Y tú, Noelia, ¿qué haces?	i. *Und du Noelia, was machst du?*
10. Encantado de conocerte.	j. *Nett, dich kennen zu lernen.*

6

1 TR. 30

Hören Sie sich den Dialog noch einmal an und lesen Sie ihn jetzt im Begleitheft mit. Er enthält viele Wörter und Ausdrücke, die Sie mittlerweile kennen, wie z.B. **¡Buenas tardes!** Unterstreichen Sie die bekannten Stellen. Sehen Sie sich danach die noch unbekannten Ausdrücke und Wörter an. Können Sie ihre Bedeutung vielleicht erraten? Versuchen Sie es einfach! Ihre Vermutungen können Sie dann mit der Übersetzung des Dialogs im Begleitheft vergleichen.

Lassen Sie sich nicht irritieren, wenn Sie in einem Text auf viele neue Wörter stoßen. Versuchen Sie, über Ähnlichkeiten mit Ihrer eigenen Muttersprache oder einer anderen Ihnen bekannten Sprache die Bedeutung zu erraten. Viele Wörter lassen Sie auch aus dem Zusammenhang erschließen. Lassen Sie sich nicht entmutigen, wenn Sie nicht gleich alle Wörter verstehen, sondern achten Sie lieber darauf, was Sie schon alles können.

Reflexive Verben – Indirekte Pronomen

7 TR. 32

▸ § 22 Reflexive Verben

Reflexive Verben sind Verben, die immer von einem reflexiven Pronomen *(mich, dich, sich, …)* begleitet werden. Das Verb **llamar<u>se</u>** *(heißen*, wörtlich: *sich nennen)*, ist hierfür ein Beispiel.
Hören Sie sich auf der CD folgende Sätze an und setzen Sie die Verbformen in die richtigen Lücken ein.

os llamáis – te llamas – me llamo – nos llamamos – se llama

1. Yo ______________ Rosita. Y tú, ¿cómo ______________?
2. ¿Cómo ______________ ella?
3. Nosotros ______________ Giménez. Y vosotros, ¿cómo ______________?

Achten Sie auf die Position des Pronomens: Es steht direkt vor dem konjugierten Verb (im Infinitiv wird es jedoch angehängt: **llamarse**).
Sehen Sie sich nun alle Verbformen von **llamarse** an.

(yo) **me llamo**	(nosotros / nosotras) **nos llamamos**
(tú) **te llamas**	(vosotros / vosotras) **os llamáis**
(él / ella / usted) **se llama**	(ellos / ellas / ustedes) **se llaman**

Beantworten Sie nun diese Frage: **Y usted, ¿cómo se llama?**

8

▸ § 27 Indirekte Pronomen

Gut zu wissen:
Beachten Sie den Artikel: **Me gusta el café.** *(Ich mag Kaffee.)*

Gut zu wissen:
le gusta kann bedeuten: *ihr gefällt / ihm gefällt / Ihnen gefällt* (höfliche Anrede im Singular)

Noelia findet Rositas Akzent schön und sagt deshalb: **Me gusta mucho.**
Agustín ist ganz begeistert von Mexiko: **¡Me encanta México!**
me gusta sagt man, wenn einem etwas / jemand gefällt; **me encanta** sagt man, wenn man von etwas begeistert ist, also wenn einem etwas sehr gut gefällt. Diese Formen benötigen ein indirektes Pronomen:

¿<u>Te</u> gusta el piso, Rosita? – Sí, <u>me</u> gusta mucho.
Gefällt <u>dir</u> die Wohnung, Rosita? – Ja, sie gefällt <u>mir</u> sehr.

Sehen Sie sich jetzt die anderen indirekten Pronomen an.

1. ¿**Le** gusta la sangría?	a. *Schmeckt **ihr / ihm / Ihnen** Sangría?*
2. **Nos** encanta la paella.	b. ***Uns** schmeckt Paella sehr.*
3. ¿**Os** gusta Madrid?	c. *Gefällt **euch** Madrid?*
4. ¿**Les** gusta bailar?	d. *Tanzen **Sie** gern? / Tanzen **sie** gern?*

(Wörtlich heißt der letzte Satz: *Gefällt es **Ihnen** zu tanzen?*, d. h. mehrere Personen werden dabei angesprochen, bzw. *Gefällt es **ihnen** zu tanzen?*, d. h. man spricht über andere Personen.)

9

Die Ausdrücke **me gusta** oder **me encanta** beziehen sich auf Sachen oder Aktivitäten. Wenn das, was einem gefällt, im Plural steht, muss auch das Verb im Plural stehen: **Me gustan / encantan los restaurantes españoles.** Vervollständigen Sie folgende Sätze mit **gustar** oder **encantar**.

1. Me ________________ los museos.
2. ¿Os ________________ la paella?
3. Me ________________ mucho trabajar en el museo.
4. ¿Les ________________ las habitaciones, señores?

la habitación – *Zimmer*

10 (1 TR 33)

Sie kennen aus der letzten Lektion schon Verben auf **-ar**, wie z. B. **cenar**. Als Chema Rosita das Wohnzimmer zeigt, sagt er: **Y éste es el salón. Aquí comemos y cenamos.** Das Verb **comer** gehört zu einer anderen Gruppe, und zwar zu den Verben auf **-er**.
Versuchen Sie, in Anlehnung an die Konjugation von **cenar** (siehe Konjugationsbox rechts) die Formen von **comer** zu erraten. Schreiben Sie die Endungen in die Tabelle rechts und vergleichen Sie dann Ihre Ergebnisse mit den Formen auf der CD.
Einige Verben sind nur in der ersten Person Singular unregelmäßig:

hacer *(machen, tun)*: **yo hago** | **conocer** *(kennen)*: **yo conozco**
ver *(sehen)*: **yo veo** | **saber** *(wissen)*: **yo sé**

▶ § 13 Regelmäßige Verben

cenar	
cen-o	cen-amos
cen-as	cen-áis
cen-a	cen-an

comer	
com-___	com-___
com-___	com-___
com-___	com-___

11 (1 TR. 34)

Hören und sehen Sie sich folgende Sätze an und markieren Sie die Formen des Verbs **tener**, die <u>anders</u> als in **comer** gebildet werden.

1. Tengo una beca de investigación.
2. Tienes un acento precioso.
3. El piso tiene dos baños.
4. ¿Tenéis terraza en el piso? – No, pero tenemos balcón.
5. Los Giménez tienen en casa un horno microondas.

Schreiben Sie nun alle Formen von **tener** in die Konjugationsbox rechts.

Gut zu wissen:
Bitte beachten Sie:
Tengo 10 años. – *Ich bin 10 Jahre alt.*

tener	
________	________
________	________
________	________

12

Vervollständigen Sie die Sätze mit den richtigen Verbformen.

1. ¿Cómo *(llamarse)* ______________ ustedes?
2. Yo *(comer)* __________ en la cocina; Ana *(comer)* _________ en el salón.
3. ¿Vosotras *(trabajar)* ____________ o *(estudiar)* _____________ en la universidad?
4. Yo *(estar)* ___________ muy cansado, ¿y tú?
5. Nosotros no *(tener)* _______________ horno microondas en la cocina.
6. Rosita *(tener)* ___________ una beca de investigación.
7. Tú *(llamarse)* ____________ Noelia y *(ser)* _________ de Madrid, ¿verdad?
8. Nosotros no *(beber)* ____________ cerveza. – Y vosotros, ¿*(beber)* ___________ cerveza?

beber – *trinken*

13

1 TR. 35

▶ § 19 ser / estar

Setzen Sie die Formen der Verben **ser** und **estar** in die Lücken ein und überprüfen Sie Ihre Lösungen mit Hilfe der CD. Was ist der Unterschied zwischen **ser** und **estar**? Überlegen Sie sich anhand der Beispiele eine Regel. Vergleichen Sie sie mit der Erklärung unten.

somos – estoy – está – es

1. _________ muy contenta en Madrid.
2. México _________ un país fantástico.
3. La habitación _________ desordenada.
4. Nosotros __________ médicos.

el médico – *Arzt*

Das Verb **ser** wird für folgende Angaben verwendet:

- Namen (**Soy Chema.**)
- Nationalität (**¿Eres mexicana?**)
- Beruf (**Soy jefe de ventas.**)
- Eigenschaften (**Noelia es muy inteligente.**)

Im Gegensatz dazu drückt das Verb **estar** einen (vorübergehenden) Zustand aus: **Estoy cansada.**

14

▸ § 7 Nationalitäts-adjektive

Nationalitätsadjektive, die auf **-o** enden, erhalten für die weibliche Form die Endung **-a**: **mexicano – mexicana**
Nationalitätsadjektive, die mit einem Konsonanten enden, bilden das weibliche Adjektiv durch Anhängen von **-a**: **español – española**
Nationalitätsadjektive, die auf **-e** enden, bleiben unverändert:
estadounidense *(US-Amerikaner/in; US-amerikanisch)*
Der Plural wird wie bei den Substantiven gebildet.

1 TR. 36

Welche Nationalität haben diese Personen? Hören Sie sich auf der CD die Nationalitätsadjektive an und vervollständigen Sie die Sätze mit den richtigen Formen. Achten Sie auf Geschlecht und Zahl.

1. Claudine y Isabelle son de París, Francia. Son ________________.
2. Hans y Anja son de Berna, Suiza. Son ________________.
3. Marisa y Cecilia son de Santiago, Chile. Son ________________.
4. Jane y Charles son de Londres, Inglaterra. Son ________________.
5. Ana es de Lisboa, Portugal. Es ________________.
6. Rita y Julia son de Ottawa, Canadá. Son ________________.
7. La señora Ylva es de Estocolmo, Suecia. Es ________________.
8. Jean y Claire son de Bruselas, Bélgica. Son ________________.

Gut zu wissen:
Einige Berufsbezeichnungen haben eine männliche und eine weibliche Form (**el médico – la médica**) *(Arzt – Ärztin)*, andere nur eine Form für beide Geschlechter: **el/la estudiante** *(Student/in)*.

15

1 TR. 37

Sehen Sie sich die Bilder an und schreiben Sie die Berufsbezeichnungen unter die entsprechenden Bilder. Überprüfen Sie dann Ihre Lösungen mit Hilfe der CD.

profesora – arquitecta – taxista – fotógrafo – secretaria – ingeniero

1. 
____

2. 
____

3. 
____

4. 

____

5. 
____

6. 
____

Rollenspiel: Jemanden kennen lernen – Interkulturelles: Mexiko Stadt

16

1 TR. 38

Zwei Nachbarn – Felipe Iriarte und Antonio Ramos – treffen sich im Treppenhaus zum ersten Mal. Hören Sie sich den Dialog auf der CD an und achten Sie vor allem darauf, was Antonio Ramos sagt.
Übernehmen Sie nun die Rolle von Antonio Ramos und vervollständigen Sie den Dialog mit Ihren eigenen Angaben.

Felipe Iriarte: ¡Hola, buenos días!

Sie erwidern den Gruß: ______________________________

Felipe Iriarte: Yo soy el nuevo vecino. Me llamo Felipe Iriarte.

Sie stellen sich auch vor: ______________________________

Felipe Iriarte: ¿Es usted de Madrid?

Sie sagen, woher Sie sind: ______________________________

Felipe Iriarte: Ah, ¡qué interesante! ¿Y qué hace usted aquí?

Sie erzählen, was Sie beruflich machen, und fragen, was er macht:

____

Felipe Iriarte: Yo soy economista y trabajo en un banco. Bueno, pues, mucho gusto.

Sie verabschieden sich: ______________________________

Felipe Iriarte: Hasta pronto.

Interkulturelles

17

Mexiko Stadt (**México D. F.**) ist eine Hauptstadt von wahrhaft gigantischen Ausmaßen. Zwischen 20 und 28 Mio. Einwohner, je nach Schätzung, leben und überleben hier – das ist ein Viertel der mexikanischen Bevölkerung! Die Stadt wurde von den Azteken auf 2240 Metern Höhe unter dem Namen **Tenochtitlán** gegründet.
Der **Zócalo** ist der Hauptplatz im Zentrum; um ihn herum finden Sie die wichtigsten Sehenswürdigkeiten, wie die Kathedrale (16. Jh.), die aztekischen Ausgrabungen, das Einkaufs- und Vergnügungsviertel **Zona Rosa**, die Prachtstraße **Paseo de la Reforma** und den Stadtpark **Bosque de Chapultepec**. Weiter im Süden liegt die Universität mit ihrer sehenswerten Bibliothek.
Etwa 30 km nördlich der Hauptstadt befindet sich die spektakuläre aztekische Pyramidenstadt **Teotihuacán**.

1 (CD 1, TR. 39)

Hier sehen Sie die ganze Familie Giménez. Hören Sie sich auf der CD an, wie sich jedes Familienmitglied vorstellt, und sprechen Sie die Sätze nach.

> **Gut zu wissen:**
> Für **madre** und **padre** gibt es auch **mamá** und **papá** – mit Akzent!
> In Lateinamerika sagt man auch **esposo / esposa** für *Ehemann / -frau*

¡Hola! Yo soy la hermana de Nacho. Agustín y Charo son mis padres.

¡Hola! Yo soy el marido de Charo y el padre de Noelia y Nacho.

¡Buenas tardes! Yo soy la mujer de Agustín y la madre de Noelia y Nacho.

¡Hola! Yo soy el hijo de Agustín y Charo. Vivo en Inglaterra.

¡Buenas tardes! Yo soy la madre de Agustín y la abuela de Nacho y Noelia.

la abuela – *die Großmutter*	**el padre** – *der Vater*
la hermana – *die Schwester*	**los padres** – *die Eltern*
el hijo – *der Sohn*	**vivo (vivir)** – *ich lebe (leben)*
la madre – *die Mutter*	**Inglaterra** – *England*

2 (CD 1, TR. 40)

Lesen Sie diese Wörter und überlegen Sie, welcher Artikel (**el**, **la**, **los**, **las**) dazu passt. Schreiben Sie die Artikel dazu und überprüfen Sie Ihre Lösungen mit Hilfe der CD.

____ agenda

____ móvil

____ monedero

____ llaves

____ gafas

____ bolígrafo

Charo sucht ihren Geldbeutel

3 CD 1 TR. 41

In der Wohnung von Familie Giménez, den Nachbarn von Rosita, Chema und Jordi, herrscht Aufregung. Charo Giménez, die Mutter, sucht verzweifelt nach ihrem Geldbeutel.
Hören Sie sich den Dialog auf der CD an. Die Bilder helfen Ihnen beim Verstehen.

4 CD 1 TR. 42

Hören Sie sich auf der CD folgende Ausdrücke aus dem Dialog an und lesen Sie mit. Hören Sie sich die Sätze noch einmal an und sprechen Sie sie nach. Sehen Sie sich dann die Übersetzungen an.

1. ¿Dónde está mi bolso?
a. *Wo ist meine Tasche?*

2. Aquí está.
b. *Hier liegt sie.*

3. ¡Ya lo tengo!
c. *Ich hab sie schon!*

4. No lo veo.
d. *Ich sehe ihn nicht.*

5. ¿Sabes dónde está?
e. *Weißt du, wo es ist?*

6. Quizá lo sabe la abuela.
f. *Vielleicht weiß es Oma.*

7. ¡Falta dinero!
g. *Es fehlt Geld!*

8. ¡En esta casa hay un ladrón!
h. *In diesem Haus gibt es einen Dieb!*

9. ¡Tranquila, mamá!
i. *Beruhige dich mal, Mama!*

5 (CD 1, TR. 41)

Hören Sie sich den gesamten Dialog nochmals aufmerksam auf der CD an. Lesen Sie die Fragen zum Dialog und kreuzen Sie die richtigen Antworten an. Nur eine Antwort ist richtig!
Die Übersetzung neuer Vokabeln finden Sie im Wortschatzfeld rechts.

1. ¿Dónde está el bolso de Charo?
   a. ■ en el salón
   b. ■ en el cuarto
   c. ■ en la cocina

2. ¿Qué hay en el bolso?
   a. ■ un móvil
   b. ■ un monedero
   c. ■ un bolígrafo

3. En el piso viven …
   a. ■ Charo y Noelia.
   b. ■ Noelia y los padres.
   c. ■ los padres, la hija y la abuela.

4. ¿Dónde está la abuela?
   a. ■ en su cuarto
   b. ■ en el parque
   c. ■ en la cocina

5. ¿Cuánto dinero falta?
   a. ■ más de 40 (cuarenta) euros
   b. ■ 14 (catorce) euros
   c. ■ 4 (cuatro) euros

¿cuánto? – *wie viel?*
el dinero – *Geld*
falta (faltar) – *fehlt*
hay – *es gibt*
el parque – *Park, Stadtgarten*

6 (CD 1, TR. 41)

Hören Sie sich den Dialog nochmals auf der CD an und lesen Sie den Text im Begleitheft mit.
Können Sie aus dem Dialog erschließen, wie man auf Spanisch „ich weiß es nicht" sagt? Schreiben Sie den Satz in die Sprechblase.

Wenn Sie möchten, können Sie sich nun die Übersetzung des gesamten Dialogs im Begleitheft ansehen.

Regelmäßige Verben auf ***-ir*** *– Demonstrativa*

7

§ 13 Regelmäßige Verben

Sie kennen schon die Verben auf **-ar** und **-er**. Im Spanischen gibt es noch eine dritte Konjugation auf **-ir**, z. B. **vivir**. Die Formen der Verben auf **-er** und **-ir** sind gleich, außer den Formen für **nosotros /-as** und **vosotros /-as**.
Die hier fehlenden Formen des Verbs **vivir** sind identisch mit den Formen der Verben auf **-er** (wie **comer**). Hören Sie sich die Sätze auf der CD an und ergänzen Sie die fehlenden Formen.

1 TR. 43

1. Yo ________ en Barcelona y tú, ¿dónde ________ ?
2. La familia Giménez ________ en Madrid.
3. Vosotros vivís en Argentina, ¿verdad? – Sí, vivimos en la capital.
4. Rosita, Chema y Jordi ________ en el mismo piso.

vivir	
viv-_____	viv-_____
viv-_____	viv-_____
viv-_____	viv-_____

Schreiben Sie zum Schluss alle Endungen von **vivir** in die Konjugationsbox links.

8

1 TR. 44

Schreiben Sie alle Formen der Verben **trabajar**, **comer** und **vivir** auf. Wenn Sie Hilfe brauchen, können Sie sich alle Verbformen auf der CD anhören.

9

§ 33 Demonstrativa

Die Formen **este / esta / estos / esta**s *(diese /r)* bezeichnen bestimmte Gegenstände oder Personen, die in der unmittelbaren Nähe des Sprechers sind. Sie können allein oder in Verbindung mit einem Substantiv stehen, mit dem sie in Geschlecht und Zahl übereinstimmen.
Sehen Sie sich folgende Sätze an und wählen Sie jeweils die richtige Form aus und schreiben Sie diese in die Lücke.

el árbol – *Baum*

1. En _______ casa hay un ladrón. *(este / estas / esta)*
2. _______ balcones son muy grandes. *(esta / estos / estas)*
3. En _______ parque hay muchos árboles. *(este / estos / esta)*
4. _______ llaves son de Chema, ¿no? *(estos / estas / esta)*

Die Form **esto** bezieht sich auf etwas, das nicht konkret genannt wird, und steht immer allein: **¿Qué es <u>esto</u>? – Es un bolso.**

10

hay ist die unpersönliche Form von **haber** *(haben)* und ist unveränderlich; **hay** bedeutet *es gibt* und meint keine bestimmte Sache bzw. Person. Deshalb steht nach **hay** der unbestimmte Artikel: **¡En esta casa hay un ladrón!** **estar** bezieht sich dagegen auf bestimmte Sachen bzw. Personen. Daher folgt nach **estar** das Substantiv mit bestimmtem Artikel: **¿Dónde está la abuela?**

▶ § 20 **hay / está** bzw. **están**

Wie Sie vielleicht noch wissen, hat Noelia einen Bruder, Nacho, der in England lebt. Hier erzählt er etwas über sich, aber die richtigen Formen von **ser**, **estar** und **hay** fehlen. Vervollständigen Sie bitte den Text.

¡Hola! Me llamo Nacho y __________ el hijo de Agustín y Charo. Ahora __________ en Londres, donde estudio inglés. __________ una ciudad fascinante. __________ muchos museos, tiendas y … “pubs”. Vivo en un piso compartido con dos chicos, Carlos y Mauricio. __________ venezolanos y muy simpáticos. Uno __________ estudiante de Medicina y el otro trabaja de camarero. La verdad es que __________ muy contento aquí.

fascinante – *faszinierend*
la tienda – *Laden, Geschäft*
simpático / a – *sympathisch*
la medicina – *Medizin*

11

Hier sehen Sie die spanischen Possessiva:

▶ § 34 Possessiva

mi bolso y mi agenda	**nuestro bolso y nuestra agenda**
tu abuelo y tu abuela	**vuestro abuelo y vuestra abuela**
su hijo y su hija	**su hijo y su hija**

Nur die Formen **nuestro / a** und **vuestro / a** richten sich im Geschlecht nach dem bezeichneten Objekt. Um den Plural zu bilden, hängt man ein **-s** an: **mis bolsos / nuestras abuelas**

Gut zu wissen:
Die Form **su** kann bedeuten: *sein / e, ihr / e (von ihr / von ihnen)* oder *Ihr / e.*

Vervollständigen Sie die Sätze mit den richtigen Possessiva.

1. *(sein)* __________ abuelo es cubano.
2. ¿Cómo se llama *(eure)* __________ hija?
3. Señores, ¿dónde está *(Ihr)* __________ jefe?
4. *(unser)* __________ piso es muy grande.

12

▸ § 26 Direkte Pronomen

Als Charo im Dialog nach ihrem Geldbeutel sucht, sagt sie: **¿Y mi monedero? No lo veo. Lo** ist ein direktes Pronomen. Es bezieht sich auf etwas, das gerade erwähnt wurde (hier bezieht sich **lo** auf **el monedero**).
Lo kann auch für einen ganzen Satz stehen:
¿Sabes dónde está mi monedero? – No, no lo sé, mamá.

Lernen Sie nun die anderen direkten Pronomen kennen. Hören sie sich folgende Sätze an und setzen Sie die direkten Pronomen ein.

1 TR. 45

las – la – los

1. ¿Dónde está la abuela? No _____ veo.
2. No veo las gafas. ¿_____ tienes tú?
3. Yo no tengo los 40 euros. _____ tiene la abuela.

Anhand dieser Sätze können Sie Folgendes feststellen:
- Die direkten Pronomen stimmen in Geschlecht und Zahl mit dem zuvor erwähnten direkten Objekt überein.
- Die direkten Pronomen stehen immer unmittelbar vor dem Verb.

13

In diesen Sätzen fehlen die direkten oder indirekten Pronomen. Setzen Sie das jeweils passende Pronomen ein.

nos – te – lo – les – se – las – os – me

la cosa – *Sache*
sino – *sondern*
perdón – *Verzeihung, Entschuldigung*

1. Yo soy Chema. Y tú, ¿cómo _____ llamas?
2. ¿Tienes tú las cosas? Yo no _____ tengo.
3. ¿ _____ gustan estas habitaciones, señores?
4. No _____ llamo María, sino Marisa.
5. A nosotros _____ encanta bailar.
6. ¿ _____ gusta nuestro piso?
7. ¿Dónde está el bolso? No _____ veo.
8. Perdón, señora, ¿cómo _____ llama usted?

14 CD 1 TR. 46

Hören Sie sich auf der CD einige Sätze an, die Formen von **saber** *(wissen)* enthalten. Finden Sie diese Formen in den Buchstabenschlangen und markieren Sie sie.

1. denesabesanmiro
2. nedórbseroséleita
3. berosazsabemadase
4. sesabemosrsabéises
5. serossabenenanzaom

Sie können nun die Transkriptionen der Sätze im Begleitheft nachlesen, um die Formen zu überprüfen. Die erste Person Singular ist die einzige unregelmäßige Form des Verbs **saber**. Schreiben Sie zum Schluss alle Formen von **saber** in die Konjugationsbox rechts.

saber	
______	______
______	______
______	______

15 CD 1 TR. 47

Hören Sie sich auf der CD an, wie Rosita ihre Familie vorstellt, und lesen Sie mit. Einige der Verwandtschaftsbezeichnungen kennen Sie schon. Können Sie die anderen mit Hilfe des Stammbaums erraten? Ordnen Sie den unterstrichenen Verwandtschaftsbezeichnungen die richtigen deutschen Übersetzungen zu.

1. Mis padres tienen tres hijos y tres <u>nietos</u>.
2. Lourdes es la <u>madre</u> de Luis Miguel.
3. Marta es la <u>esposa</u> de Francisco y madre de Elena y Silvia.
4. Yo soy la <u>tía</u> de Luis Miguel, Elena y Silvia.
5. César es el <u>tío</u> de Elena y Silvia.
6. Francisco es mi <u>cuñado</u>.
7. Elena y Silvia son mis <u>sobrinas</u>.
8. Luis Miguel es mi <u>sobrino</u>.
9. César es mi <u>hermano</u>.
10. Luis es el <u>primo</u> de Elena y Silvia.

■ Nichten – ■ Mutter – ■ Onkel – ■ Enkel – ■ Schwager – ■ Cousin – ■ Ehefrau – ■ Tante – ■ Neffe – ■ Bruder

Zahlen von 20 bis 50 – Spiel: Bingo – Interkulturelles: Spanische Namen

§ 38 Zahlen

Gut zu wissen:
Von 30 aufwärts erscheinen die Zehner und die Einer als zwei Wörter: **treinta y uno**.

16

TR. 48

Nun lernen Sie die Zahlen von 20 bis 50. Hören Sie sich auf der CD die Zahlen an und sprechen Sie sie nach.

20	veinte	23	veintitrés	45	cuarenta y cinco
21	veintiuno	31	treinta y uno	50	cincuenta
22	veintidós	34	treinta y cuatro		

17

TR. 49

Möchten Sie Bingo spielen? Die CD diktiert Ihnen die Zahlen. Sobald Sie eine Zahl hören, die auf einer Ihrer Bingokärtchen steht, kreuzen Sie sie an. Wenn Sie vier Zahlen in einer Reihe haben (waagrecht, senkrecht oder diagonal), haben Sie **¡Bingo!** Aber nicht mogeln! Überprüfen Sie in der Transkription im Begleitheft, ob Sie wirklich die richtigen Zahlen gehört haben.

25	5	13	48
38	9	30	42
11	36	44	20
41	18	6	10

30	8	35	42
41	2	1	39
22	4	25	32
36	10	47	38

17	49	24	2
4	12	28	33
1	20	5	36
7	21	13	14

Interkulturelles

18

Im Spanischen hat man immer einen Doppelnachnamen: z.B. **Eduardo López García**. Hier entspricht der erste Nachname (**López**) normalerweise dem ersten Nachnamen des Vaters und der zweite (**García**) dem ersten Nachnamen der Mutter. Häufig benutzt man jedoch nur den ersten Nachnamen, wie unsere Person in dieser Lektion, Agustín Giménez.
Doppelvornamen sind auch sehr typisch, z.B. bei traditionellen Namen mit **María** oder **José**. Daher sind Kurzformen von Vornamen in der Umgangssprache sehr häufig:
María Teresa ▸ **Maite**, **José María** ▸ **Chema**
Dies geschieht auch mit einzelnen Vornamen z.B:
Weibliche Namen: **Dolores** ▸ **Lola**, **Josefa** ▸ **Pepa**, **Mercedes** ▸ **Merche**, **Rosario** ▸ **Charo**
Männliche Namen: **Francisco** ▸ **Paco**, **Ignacio** ▸ **Nacho**, **Javier** ▸ **Javi**, **Rafael** ▸ **Rafa**

1 TR. 50

Was würden Sie in den folgenden Situationen sagen? Verbinden Sie die spanischen Sätze mit den passenden Situationen. Hören Sie sich dann die Sätze auf der CD an und sprechen Sie diese nach.

1. Creo que es muy inteligente.
2. ¿Qué significa "empresa"?
3. Me gusta mucho bailar.
4. Mucho gusto.
5. No lo sé.
6. ¡Adiós, buenas noches!
7. ¡De nada!
8. Quizás está en el bolso.

a. *Es wird Ihnen jemand vorgestellt.*
b. *Sie drücken Unwissen über etwas aus.*
c. *Sie reagieren auf ein Dankeschön.*
d. *Sie drücken Ihre Meinung aus.*
e. *Sie fragen, was ein Wort bedeutet.*
f. *Sie sagen, was Sie gerne tun.*
g. *Sie drücken Ihre Vermutung aus.*
h. *Sie verabschieden sich am Abend.*

2

Lesen Sie die Fragen und die jeweiligen Antworten und kreuzen Sie dann die Antwort an, die nicht passt.

1. ¿Qué tal el viaje?
a. ■ Un poco largo.
b. ■ Fantástico.
c. ■ Sí, es verdad.

2. ¿Estás cansada?
a. ■ Estoy en mi cuarto.
b. ■ Sí, mucho.
c. ■ Sí, necesito una siesta.

3. ¿Tu piso tiene terraza?
a. ■ No, pero balcón sí.
b. ■ En el baño y en el pasillo.
c. ■ Sí, pero es muy pequeña.

4. ¿Qué hace tu padre?
a. ■ Trabaja en una oficina.
b. ■ Es profesor.
c. ■ Mi madre no trabaja.

5. ¿Tienes hijos?
a. ■ Mi madre sí.
b. ■ No, no tengo hijos.
c. ■ Sí, un hijo, se llama Óscar.

6. ¿Sabes dónde están los chicos?
a. ■ Creo que en el parque.
b. ■ No lo sé.
c. ■ Son muy simpáticos.

3 TR. 51

Hören Sie sich auf der CD die Frage an und kreuzen Sie die richtige Antwort an.

1. ■ No, no lo sé. 2. ■ No, no lo sabemos. 3. ■ No, no lo sabe.

Richtig reagieren

4

Verbinden Sie die Sätze links mit den passenden Sätzen rechts.

1. Encantado de conocerte.
2. Oye, somos vecinos … nos podemos tratar de tú, ¿no?
3. ¿No quieres tomar nada?
4. Si necesitas algo, ya sabes dónde vivimos.

a. No, gracias.
b. Igualmente, y ¡adiós!
c. Gracias, muy amable.
d. ¡Por supuesto!

5

CD 1 TR. 52

Hören Sie sich auf der CD vier Fragen an. Ordnen Sie dann die Antworten den passenden Fragen zu. Hören Sie sich die Fragen ruhig mehrmals an.

Frage 1
Frage 2
Frage 3
Frage 4

a. En Roma.
b. Soy de la capital.
c. Es fotógrafo.
d. Juanjo, ¿y tú?

6

Lesen Sie folgende Fragen bzw. Sätze und wählen Sie jeweils die passende Reaktion aus.

1. ¿Os gusta mi casa?
a. ■ Está cansada.
b. ■ Es la cocina.
c. ■ ¡Es preciosa!

2. ¡Muchas gracias!
a. ■ ¡Por supuesto!
b. ■ ¡De nada!
c. ■ ¡Encantada!

7

Lesen Sie die Fragen und beantworten Sie diese für sich selbst.

		sí	no
1.	¿Habla usted inglés?		
2.	¿Es ingeniero/a?		
3.	¿Trabaja en una empresa?		
4.	¿Vive en una ciudad?		
5.	¿Tiene hermanos?		
6.	¿Le gusta el flamenco?		
7.	¿Conoce Madrid?		
8.	¿Sabe dónde está Salamanca?		

8

Erinnern Sie sich noch an die Pluralformen der Artikel sowie an die Pluralbildung von Substantiven und Adjektiven? Wenn nicht, können Sie Ihre Kenntnisse in der Grammatik auffrischen.

§ 4 Artikel
§ 5 Substantive
§ 6 Adjektiv

Sehen Sie sich die folgenden Sätze an und bilden Sie den Plural.

1. La amiga de Ana es una chica muy simpática.
2. El amigo de Antonio es un chico muy inteligente.

9

Vervollständigen Sie die Sätze mit dem in Klammern angegebenen Adjektiv.

1. El piso tiene unas habitaciones muy *(groß)* ______________ .
2. Estos sofás son *(schön)* ______________ , ¿verdad?
3. México es un país muy *(interessant)* ______________ .

10

Erinnern Sie sich an den Unterschied zwischen **ser** und **estar**?
Ser verwendet man zur Angabe des Namens, der Identität, der Herkunft, der Nationalität und charakteristischer Eigenschaften von Personen und Dingen (Beschreibung).
Estar wird bei Ortsangaben im Sinne von „sich befinden" verwendet, um Zustände und vorübergehende Eigenschaften auszudrücken.
Setzen Sie nun die passenden Verben in die Lücken ein.

§ 9 ser / estar

estamos – somos – soy – están – eres – son – es – está

1. Yo trabajo en Madrid. ___________ arquitecta.
2. El móvil ___________ encima del sofá.
3. Ésta ___________ mi hermana Carmen.
4. Chema y yo ___________ muy contentos con nuestro trabajo.
5. ¡Qué simpáticos ___________ tus amigos!
6. Nosotros ___________ de Sevilla, ¿y vosotros?
7. ¿Dónde ___________ tus padres?
8. ¿De dónde ___________ , Ana?

ser, estar, hay *– Verben im Präsens*

11

▶ § 20 **hay / está** bzw. **están**

Setzen Sie die passenden Verben in die Lücken.

1. La agenda __________ en mi oficina.
2. En este parque __________ árboles enormes.
3. ¿ __________ tus primas en casa?
4. En el salón __________ tres sillones muy bonitos.

hay
está
hay
están

Die Formen **está / están** werden benutzt, wenn man von einer bestimmten Sache oder Person spricht. Sie kommen zum Beispiel zusammen mit dem bestimmten Artikel vor.
Die Form **hay** wird benutzt, wenn keine bestimmte Sache oder Person gemeint wird. **Hay** wird mit dem unbestimmten Artikel, bei Wörtern im Plural ohne Artikel oder mit Zahlwörtern verwendet.

12

ser, **estar** oder **hay**? Wählen Sie jeweils das richtige Verb aus.

1. La oficina ________ muy desordenada. *(hay/está/es)*
2. En el piso ________ dos baños. *(están/son/hay)*
3. El sofá ________ pequeño, pero bonito. *(es/hay/está)*

13

▶ § 13 Regelmäßige Verben

▶ § 14 Unregelmäßige Verben

Vervollständigen Sie folgende Sätze mit den in Klammern angegebenen Verben und schreiben Sie die richtigen Verbformen in die Lücken. Wenn Sie Hilfe zu den Verbformen benötigen, sehen Sie in der Grammatik nach.

1. Mis abuelos *(vivir)* ______________ en la capital.
2. Oye, y tú, ¿cómo *(llamarse)* ______________?
3. Mira, éstos *(ser)* ______________ mis amigos.
4. ¿Vosotros *(saber)* ______________ de dónde es ella?
5. Yo *(tener)* ______________ treinta y dos años, ¿y tú?
6. Nosotros siempre *(comer)* ______________ en la cocina.
7. Mi padre *(trabajar)* ______________ en un banco.
8. ¡Me *(encantar)* ______________ los viajes!

14

Schreiben Sie die unten aufgeführten Wörter in die entsprechende Spalte der Tabelle. Am Ende sollte jede Kategorie vier Wörter enthalten.

En el piso	En la empresa	En el bolso

llaves – dormitorio – ingeniero – agenda – departamento – sillón -armario – jefe – pasillo – gafas – secretaria – móvil

15

Finden Sie im Buchstabengitter die Wörter, die zu diesen Bildern passen (waagrecht / senkrecht / diagonal). Viel Spaß beim Suchen!

1.

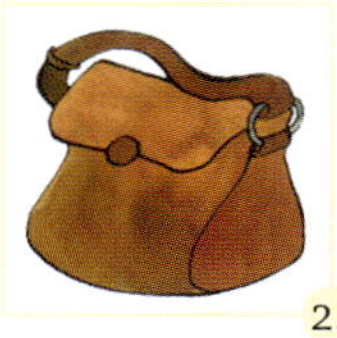
2.

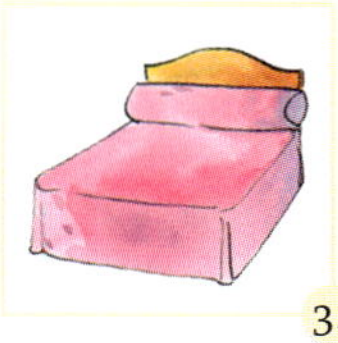
3.

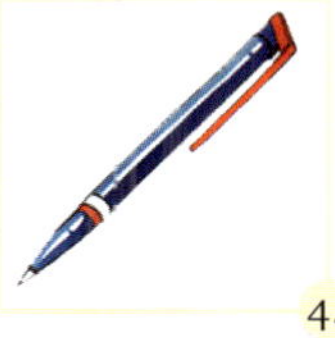
4.

C	V	N	E	R	Z	O	T	P	L	E
O	E	B	P	O	S	F	P	S	S	S
R	A	N	Q	L	J	D	E	O	Y	C
D	O	C	O	R	D	J	R	F	D	R
E	Q	B	E	C	S	I	C	Á	E	I
N	X	E	S	R	A	U	S	H	R	T
A	A	R	A	T	O	M	V	G	T	O
D	U	O	L	U	C	Z	A	F	V	R
O	Z	S	M	E	S	A	E	O	C	I
R	R	E	R	S	L	S	R	L	Q	O
F	B	O	L	Í	G	R	A	F	O	X

5.

6.

7.

Verwandtschaftsbezeichnungen

16 TR. 53

Hören Sie sich auf der CD an, was Chema über die Mitglieder der Familie Giménez sagt, und lesen Sie mit. Wissen Sie, wer jeweils gemeint ist? Schreiben Sie die Namen hinter die Beschreibungen.

1. Es la madre de Agustín y la abuela de Nacho y Noelia. Le gusta mucho estar con sus amigas: ____________________
2. Es el marido de Charo y padre de Noelia y Nacho. Le encanta su trabajo: ____________________
3. Es el nieto de Doña Amparo. Le gusta estudiar inglés. Vive en Londres: ____________________
4. Es la mujer de Agustín y es la madre de Noelia y Nacho: ____________________
5. Es la hija de Agustín y Charo. Estudia en la universidad y es muy inteligente: ____________________

17

Sehen Sie sich die Bilder an und lesen Sie die jeweiligen Sätze. In welcher Verwandtschaftsbeziehung stehen diese Personen zu Rosita? Kreuzen Sie die richtige Antwort an.

1. El hijo del hermano de Rosita es su
a. ■ primo.
b. ■ tío.
c. ■ sobrino.

2. El marido de la hermana de Rosita es su
a. ■ nieto.
b. ■ cuñado.
c. ■ padre.

3. La abuela de los sobrinos de Rosita es su
a. ■ madre.
b. ■ tía.
c. ■ hija.

18

Welche Berufe werden gesucht? Bringen Sie die Buchstaben in die richtige Reihenfolge.

1. paroresfo ____________
2. atqetrocui ____________
3. midacé ____________

19

1 TR. 54

Von der CD werden Ihnen neun Zahlen diktiert. Schreiben Sie sie auf. Hören Sie sich die Zahlen noch einmal an und kontrollieren Sie.

20

Vervollständigen Sie die Postkarte, die Rosita von ihrer Schwester bekommen hat, mit Hilfe der angegebenen deutschen Wörter.

wohnt – dir – sind – Wohnung – wie – Schwester – nicht wahr – hat

¡Hola, Rosita!

¿________ estás? Nosotros ________ bien. ¿Qué tal en Madrid?

¿________ gusta la ciudad? ¿Tienes mucho trabajo en el museo?

¿Qué tal con Chema y Jordi? Y el ________ … ¿es bonito? ¿Tiene terraza? Mi amiga Lola también ________ ahora en Madrid; ________ una beca de investigación y trabaja en la universidad. Interesante,

¿________?

La próxima semana te llamo por teléfono.

Besos. Tu ________, Marta

Die Aussprache bestimmter Laute – Einen Dialog hören

21 (CD 1, TR. 55)

▸ § 2 Aussprache

Lesen Sie die acht Erläuterungen zur spanischen Aussprache. Welches der angegebenen Wörter enthält den beschriebenen Laut? Schreiben Sie die Wörter hinter die entsprechenden Erklärungen. Überprüfen Sie dann Ihre Lösungen mit Hilfe der CD und sprechen Sie die Wörter nach.

Chile – hola – Mallorca – queso – Gibraltar – cerveza – España – vela

1. Der Laut in diesem Wort klingt wie **gn** in „Cognac": ________
2. **v** wird am Wortanfang wie **b** in „Ballet" ausgesprochen: ________
3. Der Laut in diesem Wort klingt wie **tsch** in „Tschüss": ________
4. **c** vor **e** und **i** sowie **z** werden wie das englische **th** ausgesprochen: ________
5. Der Laut in diesem Wort klingt wie **j** in „ja" oder wie **lj** in „Billard": ________
6. Die Kombination **qu** klingt wie **k**: ________
7. **g** vor **e** und **i** sowie **j** werden wie **ch** in „Sache" ausgesprochen: ________
8. Ein Buchstabe in diesem Wort wird nicht ausgesprochen: ________

22 (CD 1, TR. 56)

Zwei Arbeitskollegen – Elena und Diego – lernen sich kennen. Hören Sie sich den Dialog zwischen Elena und Diego auf der CD an. Lesen Sie dann die Sätze unten, von denen jeweils nur ein Satz auf den Dialog zutrifft. Hören Sie sich den Dialog noch einmal an und kreuzen Sie jeweils den richtigen Satz an. Wenn Sie möchten, können Sie sich die Transkription des Dialogs im Begleitheft ansehen.

la administrativa – *Verwaltungsangestellte*
la exportación – *Export*

1. a. ■ Elena es administrativa.
   b. ■ Elena es jefa de exportación.
   c. ■ Elena es secretaria.

2. a. ■ Ella es de Valencia.
   b. ■ Ella es de Barcelona.
   c. ■ Ella es de Valladolid.

3. a. ■ Le gusta mucho su ciudad.
   b. ■ Le gusta mucho tomar café.
   c. ■ Le gusta mucho su trabajo.

1 TR. 57

Was machen die Familie Giménez und die drei aus der WG in ihrer Freizeit (**tiempo libre**)? Sehen Sie sich die Bilder an und hören Sie sich auf der CD die vier Aussagen an. Ordnen Sie dann die Freizeitaktivitäten den passenden Bildern zu.

1 

 2

3 

4

a. por la noche tomar algo en un bar – b. por la tarde dar un paseo por el parque – c. ir al cine – d. el fin de semana ir a bailar

por la noche tomar algo en un bar – *am Abend in einer Bar etwas trinken*
el fin de semana ir a bailar – *am Wochenende zum Tanzen gehen*
por la tarde dar un paseo por el parque – *am Abend einen Spaziergang im Park machen*
ir al cine – *ins Kino gehen*

2 TR. 58

Jetzt werden Sie etwas über den Charakter unserer Personen erfahren. Hören Sie sich auf der CD folgende Sätze an und lesen Sie mit. Unterstreichen Sie dann die Charaktereigenschaften der einzelnen Personen.

1. Noelia es una estudiante muy inteligente.
2. Rosita es una chica muy simpática.
3. Doña Amparo, abuela de Noelia, es una señora muy activa.
4. Agustín es siempre muy amable con sus vecinos.
5. Charo es una mujer un poquito nerviosa.
6. Chema es un chico un poco tímido pero es una persona muy interesante.

una señora activa – *eine aktive Dame*
tímido/a – *schüchtern*

Spät abends bei Familie Giménez

3 (CD 1, TR. 59)

Doña Amparo, die Großmutter im Haus Giménez, kommt spät nach Hause und Noelia, ihre Enkelin, kommt noch später. Charo ist noch wach und unterhält sich mit ihnen darüber, was sie gemacht haben.
Sehen Sie sich die Bilder an und hören Sie sich den Dialog auf der CD an.

4 (CD 1, TR. 59)

Wer hat was gesagt? Hören Sie sich den Dialog noch einmal an. Ordnen Sie dann die Sätze der entsprechenden Person zu. Vielleicht können Sie die Bedeutung der Sätze schon vermuten; vergleichen Sie Ihre Vermutungen mit den Übersetzungen unten.

Gut zu wissen:
Wenn **ir** *(gehen)* und **irse** *(weggehen)* mit Zielangabe verwendet werden, liegt der Unterschied in der Unmittelbarkeit der Handlung:
Voy al museo bedeutet, dass ich vorhabe, ins Museum zu gehen.
Me voy al museo bedeutet, dass ich schon so gut wie unterwegs bin.

1. 
2. 
3. 

- a. No la he visto.
- b. Lo siento.
- c. ¡Hemos pasado la tarde allí!
- d. ¡Qué tarde llegas!
- e. ¡Me ha encantado!
- f. ¿De verdad?
- g. ¡Tengo mucho sueño!
- h. ¿Dónde ha estado?
- i. Me voy a la cama.

No la he visto. – *Ich habe sie nicht gesehen.*
Lo siento. – *Es tut mir Leid.*
¡Hemos pasado la tarde allí! – *Wir haben dort den Abend verbracht!*
¡Qué tarde llegas! – *Du kommst aber spät nach Hause!*
¡Me ha encantado! – *Er hat mir sehr gefallen!*
¿De verdad? – *Wirklich?*
¡Tengo mucho sueño! – *Ich bin sehr müde.*
¿Dónde ha estado? – *Wo sind Sie gewesen?*
Me voy a la cama. – *Ich gehe ins Bett.*

5 TR. 59

Hören Sie sich den Dialog nochmals an und kreuzen Sie an, ob folgende Aussagen richtig oder falsch sind. Bevor Sie antworten, hören Sie sich den Dialog ruhig mehrmals an. Wenn Sie möchten, können Sie den Text dabei auch gleichzeitig im Begleitheft mitlesen.

		richtig	falsch
1.	Die Großmutter ist mit ihren Freundinnen zusammen gewesen.		
2.	Doña Amparo war im Kino.		
3.	Charo fragt die Großmutter, in welcher Bar sie gewesen sind.		
4.	Der Film heißt „Pedro Almodóvar“.		
5.	Doña Amparo will ins Bett gehen.		
6.	Chema ist mit Paco in einer Bar gewesen.		
7.	Noelia meint, dass Chema ein langweiliger Typ ist.		
8.	Doña Amparo und Noelia haben sich in Pacos Bar getroffen.		

6 TR. 60

Hören Sie sich jetzt folgende einzelne Sätze aus dem zweiten Teil des Dialogs an und sprechen Sie sie nach. Zum Schluss können Sie die Übersetzung des gesamten Dialogs im Begleitheft nachlesen.

Charo: ¡Hola hija! ¡Qué tarde llegas!
Noelia: Es que he estado con Chema en el bar de Paco.
¡Hemos pasado la tarde allí!
Charo: ¿Quién es Chema?
Noelia: El vecino.
Nos hemos encontrado en la calle
y me ha invitado a tomar algo.
Es un chico un poco tímido, pero muy amable y muy interesante.
Charo: ¿Y no has visto a la abuela en el bar de Paco?
Noelia: No, no la he visto.

muy und *mucho*

7

§ 12 muy / mucho

Sehen Sie sich die folgenden Sätze aus dem Dialog dieser Lektion an.

¡Es muy tarde!
Nos hemos divertido mucho.
¿Le ha gustado, abuela? – ¡Mucho!
Es un chico un poco tímido, pero muy amable y muy interesante.

Wann benutzt man **mucho** und wann **muy**? Versuchen Sie, eine Regelmäßigkeit zu erkennen und folgende Übung zu lösen, indem Sie die Sätze mit **muy** oder **mucho** vervollständigen.

1. Hola, ¿qué tal? – ________ bien, gracias.
2. Somos un piso ________ interesante.
3. Tienes un acento precioso. Me gusta ________ .
4. Noelia estudia ________ .

Haben Sie die Regel „geknackt"? Überprüfen Sie Ihre Vermutungen anhand folgender Regel:

mucho *(sehr, viel)* bezieht sich auf ein Verb,
z.B.: **me gusta mucho**; **comer mucho**.

muy *(sehr)* benutzt man in allen anderen Fällen, d.h.:
- mit Adjektiven (z.B. **muy amable**, **muy inteligente**)
- mit Adverbien (z.B. **muy tarde**, **muy bien**)

8

Charo ist begeistert von ihrer Familie und möchte Ihnen etwas über sie erzählen. Vervollständigen Sie den Text mit **muy** oder **mucho**. Im Wortschatzfeld links finden Sie den neuen Wortschatz.

la profesión – *Beruf*
pasear – *spazieren gehen*

Agustín, mi marido, tiene una profesión ________ interesante.

Trabaja ________ .

Mi hija Noelia estudia ________ . Es una chica ________ inteligente.

Mi hijo Nacho vive en Londres y está ________ contento.

El Retiro es un parque ________ grande y ________ bonito de

Madrid. A la abuela le gusta ________ ir a pasear allí con sus amigas.

9

Die Vergangenheitsform **Pretérito Perfecto** *(Perfekt)* besteht aus zwei Elementen: die Präsensform des Hilfsverbs **haber** *(haben)* und das Partizip eines Verbs:

- **¿Habéis visto esta película?** *(Habt ihr diesen Film gesehen?)*
- **Sí, ya la hemos visto.** *(Ja, wir haben ihn schon gesehen.)*

Die zwei Elemente des Perfekts dürfen nie getrennt werden. Die Pronomen stehen unmittelbar vor dem Perfekt. Die Verneinung wiederum steht vor den Pronomen.

¿Y no has visto a la abuela en el bar de Paco? – No, no la he visto.

▸ § 15 Perfekt

Gut zu wissen:
Im Vergleich zu anderen Sprachen, die das Perfekt mit „haben" oder „sein" bilden (z. B. *ich habe gemacht*; *ich bin gegangen*), wird im Spanischen immer das Verb **haber** verwendet.

1 TR. 61

Hören Sie sich auf der CD folgende Sätze an und schreiben Sie die fehlenden Formen von **haber** in die Lücken.

1. _____ estado toda la tarde con mis amigas.
2. ¿Y no _____ visto a la abuela en el bar de Paco?
3. Pues ella también _____ estado allí.
4. ¿Y qué _____ hecho?

Schreiben Sie nun alle Formen von **haber** in die Konjugationsbox rechts.

haber

_______	_______
_______	_______
_______	_______

Das Partizip wird bei Verben auf **-ar** mit der Endung **-ado**, bei den Verben auf **-er** und **-ir** mit der Endung **-ido** gebildet, die jeweils an den Stamm angehängt werden:

estar ▸ estado **comer ▸ comido** **vivir ▸ vivido**

Einige Verben haben unregelmäßige Partizipien:

ver ▸ visto **hacer ▸ hecho** **decir ▸ dicho**

10

Schreiben Sie die Perfektform der vorgegebenen Verben in die Lücken.

1. Agustín y yo *(invitar)* _____________ a nuestros amigos.
2. ¿ *(ver)* _____________ tú la última película de Almodóvar?
3. Y vosotras, ¿ *(ir)* _____________ de compras esta mañana?
4. Yo nunca *(comer)* _____________ paella, ¿y tú?
5. ¿Qué *(hacer)* _____________ tus primos hoy?
6. El viaje a México *(ser)* _____________ fantástico.

◂ **ir de compras** – *einen Einkaufsbummel machen*

Die Verwendung des Perfekts

11

▶ § 15 Perfekt

Das Perfekt wird im Spanischen verwendet, um von Ereignissen zu berichten, die vom Sprecher in einem engen Bezug zum Sprechzeitpunkt gesehen werden. Häufig steht das Perfekt in Verbindung mit Zeitangaben wie z. B. **este año** *(dieses Jahr)*, **este mes** *(diesen Monat)*, **esta semana** *(diese Woche)*, **hoy** *(heute)*:

- **¿Has ido al cine esta semana?**
- **Sí, he ido hoy y he visto una película muy buena.**

12

1 TR. 62

el centro – *Zentrum*
nadar – *schwimmen*
la piscina – *Schwimmbad*
el deporte – *Sport*
los Pirineos – *Pyrenäen*
esquiar – *Ski fahren*
un par de veces – *ein paar Mal*
algún libro – *irgendein Buch*
recientemente – *vor kurzem*
he leído (▶ **leer** – *lesen*) – *ich habe gelesen*
la última novela – *der neueste Roman*

Unsere Freunde sind sehr aktiv! Hören Sie sich auf der CD die fünf Dialoge an, um zu erfahren, was jeder gemacht hat. Die Bilder helfen Ihnen beim Verstehen neuer Ausdrücke. Ordnen Sie dann die Sätze den passenden Bildern zu.

1

2

3

4

5

a. Esta semana he hecho mucho deporte.
b. Este mes he leído la última novela de Isabel Allende.
c. Este año he esquiado un par de veces.
d. Hoy hemos ido de compras al centro.
e. Esta mañana hemos ido a nadar a la piscina.

13 TR. 63

Mit Hilfe folgender Wörter lassen sich Ereignisse der Vergangenheit zeitlich einteilen: **primero** *(zuerst)*, **después** oder **luego** *(dann)* und **finalmente** *(zum Schluss)*.

Rosita erzählt, was sie heute gemacht hat. Lesen Sie sich die Sätze durch und unterstreichen Sie die Wörter, mit denen Rosita ihre Erzählung zeitlich einteilt. Hören Sie sich dann die Sätze auf der CD an und sprechen Sie sie nach.

Primero he estado en el museo. Después he comido con unos colegas en un restaurante y luego hemos ido a pasear al parque del Retiro.

14

Die direkten Pronomen der dritten Person **lo**, **la**, **los**, **las** kennen Sie bereits. Es gibt auch noch andere Formen. Noelia sagt z. B.: **Chema <u>me</u> ha invitado a tomar algo**. Das Pronomen **me** steht für das direkte Pronomen *mich*. Hier sehen Sie alle direkten Pronomen:

§ 26 Direkte Pronomen

me *(mich)*	**nos** *(uns)*
te *(dich)*	**os** *(euch)*
lo / la *(ihn, es, Sie / sie, es, Sie)*	**los / las** *(sie, Sie)*

Die direkten Pronomen stehen immer unmittelbar vor dem Verb.

15 TR. 64

Hier sehen Sie vier Minidialoge. Welche direkten Pronomen fehlen? Schreiben Sie sie in die richtigen Lücken und überprüfen Sie Ihre Lösungen mit Hilfe der CD.

1. • ¿Has visto a Chema?
   ○ No, no _____ he visto. Creo que no ha llegado todavía.
2. • _____ invitamos a comer con nosotros, ¿qué decís?
   ○ ¿_____ invitáis de verdad? ¡Qué bien!
3. • ¿Has visto las fotos de mi familia?
   ○ Sí, ya _____ he visto.
4. • ¿_____ han llamado hoy por teléfono?
   ○ No, Rosita, no _____ ha llamado nadie.

me
las
nos
os
te
lo

todavía – *noch*
¿qué decís?
(▸ **decir** – *sagen*) – *was haltet ihr davon?*
nadie – *niemand*

*Zahlen von 51 bis 100 – Interkulturelles: **Don** und **Doña***

§ 38 Zahlen

Gut zu wissen:

Erinnern Sie sich? Die Zehner und die Einer werden bei den Zahlen ab 30 als zwei Wörter geschrieben: **ochenta y tres, ochenta y cuatro, ochenta y cinco.**

16

1 TR. 65

Lernen Sie jetzt die Zahlen von 51 bis 100. Hören Sie sich auf der CD die Zahlen an und sprechen Sie sie nach.

cincuenta y uno

sesenta

sesenta y dos

setenta

setenta y tres

ochenta

noventa

cien

Gut zu wissen:

Telefonnummern kann man unterschiedlich angeben. Eine Mischung aus zwei- und einstelligen Blöcken ist durchaus üblich: 8-77-40 (**ocho – setenta y siete – cuarenta**).

17

1 TR. 66

Hören Sie sich auf der CD fünf Minidialoge an und schreiben Sie die Telefonnummern, die Sie hören, auf. Sie können die Dialoge so oft anhören, wie sie möchten. Können Sie Ihre eigene Telefonnummer auch schon auf Spanisch sagen?

Interkulturelles

18

Wie Sie schon wissen, verwendet man in Spanien sehr häufig die Form **tú** *(du)*. Die Höflichkeitsform **usted** zeugt von Respekt gegenüber Älteren oder Vorgesetzten. Charo, zum Beispiel, siezt ihre Schwiegermutter als Respektsbeweis, was momentan bei der älteren Generation noch üblich ist. Jüngere Generationen duzen ihre Schwiegereltern.

Die Formen **Don** *(Herr)* und **Doña** *(Frau)* werden im Spanischen nur vor dem Vornamen verwendet. Es handelt sich dabei um eine respektvolle Anrede, die aber in der Regel nur gegenüber bekannten Personen benutzt wird. Generationen ab etwa Mitte 40 verwenden diese Anrede gegenüber älteren Personen sowie die Älteren untereinander.

1 (CD 1, TR. 67)

Sehen Sie sich diesen Obst- und Gemüsestand an. Hören Sie sich auf der CD alle Begriffe an und sprechen Sie sie nach. Ordnen Sie dann die Übersetzungen den entsprechenden spanischen Wörtern zu.

- a. *ein halbes Kilo Tomaten*
- b. *die Pistazien*
- c. *ein Kilo Erdbeeren*
- d. *die Kartoffeln*
- e. *die Bananen*
- f. *die Salatköpfe*
- g. *die Äpfel*
- h. *die Paprika*
- i. *die Karotten*
- j. *die Orangen*

Gut zu wissen:

Achten Sie darauf, dass Mengenangaben immer mit der Präposition **de** verbunden werden:
un kilo de fresas, medio kilo de tomates

2 (CD 1, TR. 68)

Hören Sie sich auf der CD folgende Wochentage und Zeitangaben an und sprechen Sie sie jeweils nach.

lunes	*Montag*
martes	*Dienstag*
miércoles	*Mittwoch*
jueves	*Donnerstag*
viernes	*Freitag*
sábado	*Samstag*
domingo	*Sonntag*
por la mañana	*morgens/vormittags*
por la tarde	*nachmittags/abends*
por la noche	*abends/nachts*

Gut zu wissen:

Die Wochentage sind alle männlich und werden mit Kleinbuchstaben geschrieben: **el lunes, el martes, …**

Noelia kauft auf dem Markt ein

3 TR. 69

Noelia kauft auf dem Markt ein. Dort trifft sie zufällig Chema und verabredet sich mit ihm. Hören Sie sich den Dialog auf der CD an und sehen Sie sich die Bilder an.

4 TR. 69

Hier sind einige Fragen zum Dialog zwischen Noelia und Chema auf dem Markt. Versuchen Sie, die Fragen zu beantworten, und kreuzen Sie die richtigen Lösungen an. Damit Sie die Fragen beantworten können, hören Sie sich den Dialog vorher ruhig noch mehrmals an.

1. ¿Qué compra Noelia además de manzanas?
   (Was kauft Noelia noch außer Äpfeln?)
   a. ■ naranjas y fresas
   b. ■ naranjas, plátanos y fresas
   c. ■ naranjas, pistachos y fresas

2. ¿Cuántas fresas compra Noelia?
   (Wie viele Erdbeeren kauft Noelia?)
   a. ■ un kilo y medio (1,5 kg.)
   b. ■ medio kilo (1/2 kg.)
   c. ■ un kilo (1 kg.)

3. ¿Cuánto es todo? *(Wie viel kostet alles zusammen?)*
   a. ■ 13,50 euros   b. ■ 30,50 euros   c. ■ 13,15 euros

4. ¿Cuándo van a ir al cine Noelia y Chema?
   (Wann werden Noelia und Chema ins Kino gehen?)
   a. ■ el lunes por la noche
   b. ■ el lunes por la tarde
   c. ■ el domingo por la tarde

5. ¿A qué hora quedan? *(Um welche Uhrzeit verabreden sie sich?)*
   a. ■ a las seis   b. ■ a las diez   c. ■ a las nueve

Gut zu wissen:

Die Struktur **ir + a +** Infinitiv drückt eine nahe Zukunft aus: **Mañana voy a viajar a París.** *(Morgen werde ich nach Paris reisen.)*

5 1 TR. 70

Im Dialog sagt Noelia u.a. Folgendes. Hören Sie sich die Sätze auf der CD an und lesen Sie sie mit. Sprechen Sie sie dann nach.

Quería un kilo de manzanas.
Ich hätte gern ein Kilo Äpfel.

¿Me pone medio kilo?
Geben Sie mir ein halbes Kilo?

¿Puedo probarlas?
Darf ich sie probieren?

¿Cuánto es?
Was macht das?

Bueno, aquí tiene.
Gut, hier, bitte.
(wörtl.: *Gut, hier haben Sie.*)

6 1 TR. 69

Hören Sie sich jetzt den Dialog noch einmal an und lesen sie den Text im Begleitheft mit. Was sagt man, wenn man einen Vorschlag annehmen möchte? Im Dialog gibt es drei Ausdrücke dafür. Finden Sie diese im Dialog und schreiben Sie sie in die Sprechblasen. Zum Schluss können Sie die Übersetzung des gesamten Dialogs im Begleitheft nachlesen.

*Die unregelmäßige Verben **poner**, **querer** und **poder***

7 TR. 71

poner	
______	ponemos
pones	ponéis
pone	ponen

▶ § 27 Indirekte Pronomen

Im Dialog kommt das Verb **poner** (hier: *geben*) vor; **poner** ist im Präsens regelmäßig, mit Ausnahme der ersten Person Singular **yo**.
Hören Sie sich auf der CD an, wie die unregelmäßige Form lautet, und schreiben Sie diese in die Konjugationsbox links.
Im Dialog steht **poner** zusammen mit einem indirekten Pronomen (**¿Qué te pongo?**). Erinnern Sie sich an alle Formen? Wenn nicht, können Sie sie in der Grammatik nachlesen.
Vervollständigen Sie folgende Fragen mit den indirekten Pronomen.

1. ¿Qué *(Ihnen)* _____ pongo, señoras?
2. ¿ *(mir)* _____ pones unas manzanas, Manolo?
3. ¿ *(uns)* _____ pone dos cafés, por favor?
4. ¿ *(euch)* _____ falta algo, chicos?

Gut zu wissen:
Das Verb **faltar** *(fehlen)* kann ebenfalls mit einem indirekten Pronomen verwendet werden: **Me faltan algunas cosas.** *(Mir fehlen einige Sachen.)*

8

Die Verben **querer** *(wollen)* und **poder** *(können, dürfen)* sind unregelmäßige Verben der zweiten Konjugation (Endung auf **-er**). Sehen Sie sich folgende Sätze an und unterstreichen Sie die konjugierten Formen der Verben **querer** und **poder**.

Lo siento, Chema, pero no puedo.
El lunes quiero terminar un diseño.

el diseño – *Zeichnung*

Bei beiden Formen ändert sich der Stammvokal (**poder** ▶ **puedo**; **querer** ▶ **quiero**). Dies geschieht bei den Formen, bei denen die Betonung auf dem Wortstamm liegt: **quiero**, **puedo**.
Sehen Sie sich nun alle Formen von **querer** und **poder** in der Grammatik an.

▶ § 14 Unregelmäßige Verben

TR. 72

Setzen Sie die passenden Verbformen in die Lücken und überprüfen Sie Ihre Lösungen mit Hilfe der CD.

pueden – podéis – quieres – quieren

1. ¿ ________________ tomar algo, Noelia?
2. Si ustedes ________________, ________________ ver el piso hoy.
3. Chicos, ¿ ________________ llamar a Chema, por favor?

Gut zu wissen:
Die Form **siento** in dem Ausdruck **lo siento** *(es tut mir Leid)* kommt vom Verb **sentir**. Der Stammvokal dieses Verbs ändert sich (**e** ▶ **ie**) wie beim Verb **querer**.

9

Im Dialog auf dem Markt sagt Noelia zu Chema: **¡Hola, Chema! ¿Tú también de compras?** Darauf antwortet er mit: **Sí … Hoy tengo que cocinar yo y me faltan algunas cosas.**
Chema muss an diesem Tag kochen und das drückt er mit **tengo que cocinar** aus; **tener + que** (+ Infinitiv) bedeutet also *müssen*.

1 TR. 73 Hören Sie sich auf der CD drei Minidialoge an und sprechen Sie jeweils die Antworten nach.

1. ¿Qué tienes que hacer hoy? – Hoy tengo que ir a la oficina.
2. ¿Qué tenéis que hacer ahora? – Tenemos que hablar con el jefe.
3. ¿Qué tal en la empresa? – Muy bien, pero tenemos que trabajar mucho.

10 1 TR. 74

Versuchen Sie, die Verbformen in die richtigen Lücken zu setzen, und vergleichen Sie dann Ihre Lösungen mit den Sätzen auf der CD.

van – vas – va – vais

1. Yo voy mañana a la piscina. ¿Tú cuándo _____?
2. ¿Tu hija _____ a la universidad?
3. Nosotros vamos al museo del Prado. Y ustedes ¿_____ al Retiro?
4. ¿Por qué no _____ al cine?

Wie Sie vielleicht schon vermuten, ist das Verb **ir** *(gehen, fahren)* unregelmäßig. Ergänzen Sie nun die fehlenden Formen von **ir** in der Konjugationsbox rechts.

ir	
_____	_____
vas	vais
va	van

11

Vervollständigen Sie den Dialog mit den angegebenen Verben.
Wenn Sie Hilfe zu den unregelmäßigen Verben benötigen, sehen Sie in der Grammatik nach.

▶ § 14 Unregelmäßige Verben

- Vosotros, ¿a qué hora *(ir)* ________ hoy al cine?
- A las diez, pero antes *(tener)* ________ que comprar las entradas.
- ¿*(poder)* ________ ir Carla y yo con vosotros?
- ¿*(querer)* ________ venir con nosotros? ¡Qué bien!

antes – *vorher*
la entrada – *Eintrittskarte*
venir – *(mit)kommen*

12

1 TR. 75

Gut zu wissen:
In der Alltagssprache wird die Uhrzeit meist im 12-Stunden-Rhythmus angegeben (**a las tres**). In offiziellen Zeitangaben, z.B. Fahrplanangaben, wird der 24-Stunden-Rhythmus benutzt (**a las 15 horas**).

Nach der Uhrzeit fragt man mit **¿Qué hora es?** *(Wieviel Uhr ist es?)*. Hören Sie sich auf der CD zehn Dialoge an, in denen jeweils eine Uhrzeit angegeben wird. Lesen Sie die Uhrzeiten mit und sprechen Sie diese nach.

1. Es la una. (1.00)
2. Son las dos y cinco. (2.05)
3. Son las tres y diez. (3.10)
4. Son las cuatro y cuarto. (4.15)
5. Son las cinco y veinte. (5.20)
6. Son las seis y media. (6.30)
7. Son las siete menos veinticinco. (6.35)
8. Son las ocho menos veinte. (7.40)
9. Son las nueve menos cuarto. (8.45)
10. Son las diez en punto. (10.00)

Wie Sie hier sehen, verwendet man für *Es ist ein Uhr* die Form **es** (**Es la una**), aber ab zwei Uhr die Form **son** (**Son las dos**).

13

1 TR. 76

Gut zu wissen:
Der Satz **Por favor, ¿tiene hora?** wird benutzt, um die Uhrzeit formeller zu erfragen.

Hören Sie sich auf der CD fünf Minidialoge an. Welche Uhrzeiten werden darin jeweils genannt? Schreiben Sie die entsprechende Zahl (1–5) zu der Uhr mit der passenden Uhrzeit.

14

1 TR. 77

Gut zu wissen:
Der Artikel ist bei Wochentagen notwendig: **¿Quedamos el sábado?**

Um sich zu verabreden, kann man das Verb **quedar** (hier: *verbleiben, sich verabreden*) verwenden. Hören Sie sich folgenden Dialog an und lesen Sie mit.

- ● Oye, ¿quedamos el sábado para tomar un café?
- ○ Vale, ¿a qué hora?
- ● ¿Te va bien a las cinco y media?

Auf die Frage **¿A qué hora?** *(Um wie viel Uhr?)* kann man mit **a la una** *(um ein Uhr)*, **a la una y cuarto**, **a las dos** antworten.

¿Te va bien a las seis menos cuarto?
Passt Ihnen das oder möchten Sie vielleicht eine andere Uhrzeit vorschlagen?

15

TR. 78

Agustín trifft einen alten Freund, Manolo, auf der Straße und verabredet sich mit ihm. Hier sehen Sie einen Teil ihrer Unterhaltung, der jedoch durcheinander geraten ist. Bringen Sie die Sätze in die richtige Reihenfolge und nummerieren Sie sie mit den Zahlen 1–8. Hören Sie sich dann den ganzen Dialog zwischen Agustín und Manolo auf der CD an und vergleichen Sie.

- ■ *Agustín:* ¿Os va bien a la una y media?
- ■ *Manolo:* Es una buena idea. Bueno, y ¿a qué hora quedamos?
- ■ *Agustín:* Podemos ir a comer al restaurante nuevo del barrio.
- ■ *Manolo:* Perfecto.
- ■ *Agustín:* Vale, pues quedamos el domingo a esa hora.
- ■ *Manolo:* ¿El domingo? De acuerdo.
- ■ *Agustín:* Lo siento, Manolo, mañana no podemos porque ya tenemos un compromiso pero, ¿qué tal el domingo?
- ■ *Manolo:* Oye, Agustín, ¿por qué no salimos mañana a cenar con las mujeres?

◂ **salimos** ▸ **salir** – *ausgehen*
el compromiso – *Verabredung, Termin*
¿qué tal ...? – *wie wäre es ...?*
de acuerdo – *einverstanden*
el barrio – *Stadtviertel*
la idea – *Idee*

16

TR. 79

Und noch mehr Zahlen! Hören Sie sich diese auf der CD an, sprechen Sie nach und ergänzen Sie die fehlenden Zahlen.

100 cien	600 ________	10.000 diez mil
101 ciento uno	700 **setecientos**	100.000 ________
200 doscientos	800 ________	1.000.000 un millón
300 trescientos	900 **novecientos**	2.000.000 dos millones
400 ________	1000 mil	3.000.000 tres ________
500 **quinientos**	2000 dos mil	1.000.000.000 mil millones

▸ § 38 Zahlen

Gut zu wissen:

Nur zwischen Zehnern und Einern steht immer **y**:
mil novecientos noventa y nueve (1999).

17

Erinnern Sie sich noch an die spanischen Wörter für diese Obst- und Gemüsearten? Schreiben Sie jeweils das angegebene Gewicht in Worten und Gramm (**gramo**) sowie die Obst- bzw. Gemüseart auf, z. B. **doscientos cuarenta y nueve gramos de tomates**.

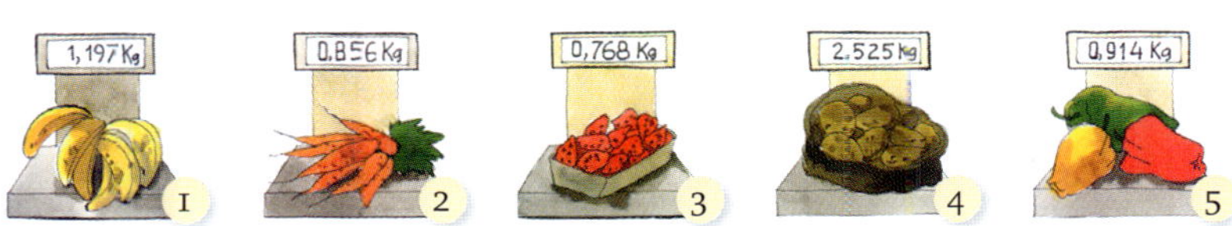

Gut zu wissen:

Denken Sie daran, dass Mengenangaben immer mit der Präposition **de** verbunden werden.

Rollenspiel: Auf dem Markt – Interkulturelles: Wortschatzunterschiede

18

1 TR. 80

a ver – *also, mal sehen*
la ensalada – *Salat*
la lechuguita – *kleiner Kopfsalat* (verniedlichte Form)
¡cómo no! – *aber klar!*

Chema ist auf dem Markt und kauft ein. Hören Sie sich das Gespräch zwischen Chema und dem Verkäufer an. Übernehmen Sie dann die Rolle von Chema und vervollständigen Sie den Dialog.

Verkäufer: A ver, ¿qué te pongo?
Sie fragen, ob er Tomaten hat: ______________________
Verkäufer: Por supuesto.
Sie möchten eineinhalb Kilo Tomaten: ______________________
Verkäufer: ¿Algo más?
Sie möchten noch ein halbes Kilo Karotten: ______________________
Verkäufer: Éstas están muy buenas. ¿Quieres una lechuga también?
Sie hätten gern lieber zwei: ______________________
Verkäufer: Pues dos lechuguitas.
Sie hätten auch gerne Erdbeeren und wollen eine probieren:
____
Verkäufer: ¡Claro, hombre! Están muy ricas. Son del país.
Sie möchten 500 Gramm: ______________________
Verkäufer: ¡Cómo no!
Sie fragen, wie viel alles kostet: ______________________
Verkäufer: Son 5 euros 30.
Sie geben ihm das Geld, bedanken und verabschieden sich:
____

Interkulturelles

19

Denkt man an die weite geographische Verbreitung der spanischen Sprache und an die über 400 Millionen Sprecher des Spanischen, so ist es verständlich, dass der spanische Wortschatz regionale Unterschiede innerhalb Spaniens, aber auch zwischen Spanien und Lateinamerika sowie innerhalb Lateinamerikas aufweist.

Hier sehen Sie einige Beispiele aus dem Obst- und Gemüsebereich:

- **plátano** *(Banane)* heißt **guineo** in Puerto Rico, **cambur** in Venezuela und **banana** in Argentinien.
- **cacahuete** *(Erdnuss)* heißt **maní** in fast ganz Lateinamerika.
- **maíz** *(Mais)* heißt **choclo** in Südamerika.
- **papa** *(Kartoffel)* wird in Lateinamerika, Andalusien und auf den Kanarischen Inseln benutzt, **patata** im Rest von Spanien.
- In Mexiko und Kuba sagt man **frijoles** *(Bohnen)*, aber in Puerto Rico **habichuelas**, in Venezuela **caraotas** und im Rest von Südamerika **porotos**. In Spanien dagegen heißen sie **alubias** oder **judías**.

1 TR 81

Auf diesem Bild sehen Sie verschiedene Verkehrsmittel. Lesen Sie die spanischen Begriffe und hören Sie sich diese auf der CD an. Mit Hilfe der Bilder können Sie die Bedeutungen sicherlich erraten. Hören Sie sich die Wörter nochmals an und sprechen Sie sie nach.

Gut zu wissen:
Ein anderes Wort für **coche** *(Auto)* ist **automóvil**. In Lateinamerika sagt man auch **carro**.

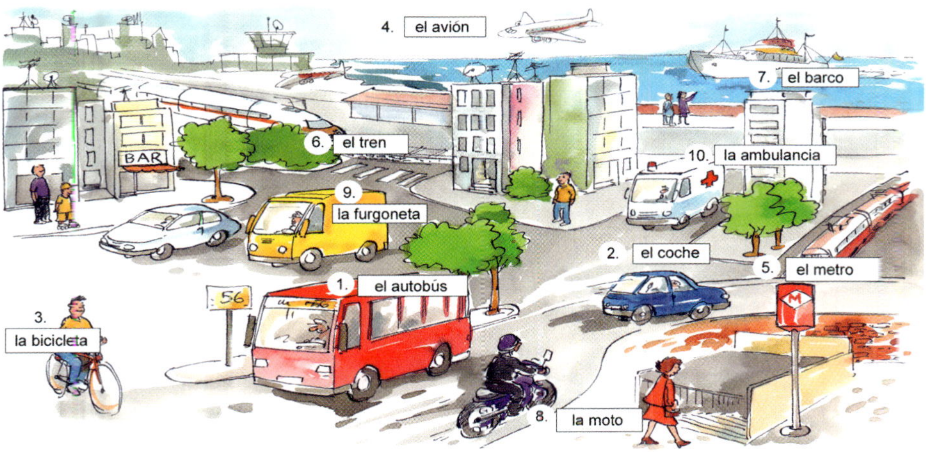

2 TR 82

¿Dónde está nuestro coche? *(Wo ist unser Auto?)*
Sehen Sie sich die Bilder an, lesen Sie die Sätze und hören Sie sich diese auch auf der CD an. Schreiben Sie dann die deutschen Übersetzungen für die Ortsangaben in das Wortschatzfeld unten.

El coche está a la derecha de la bicicleta.

El coche está a la izquierda del taxi.

El coche está enfrente de la parada de autobús.

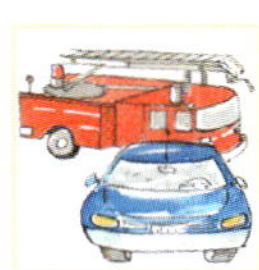
El coche está delante del coche de bomberos.

El coche está detrás de la furgoneta.

Gut zu wissen:
del entsteht aus der Zusammensetzung der Präposition **de** mit dem Artikel **el**. Dasselbe passiert mit der Präposition **a** + Artikel **el** ▸ **al**: **¿Vamos <u>al</u> restaurante?**

◂ **la parada** – *Haltestelle*
el coche de bomberos – *Feuerwehrauto*

a la derecha – ________________
a la izquierda – ________________
enfrente – ________________
delante – ________________
detrás – ________________

Rosita hat eine Verabredung – Wegbeschreibung

3 (CD 1, TR. 83)

Rosita hat eine Verabredung in einem Restaurant. Zu Hause fragt sie Jordi und Chema, wie sie am besten hinkommt. Sehen Sie sich die Bilder an und hören Sie sich den Dialog mehrmals an.

Keine Sorge, wenn Sie nicht immer alles verstehen! Konzentrieren Sie sich auf bekannte Dinge und nutzen Sie die Bilder; mit deren Hilfe können Sie sich den Kontext des Dialogs viel besser vorstellen.

4 (CD 1, TR. 84)

Hören Sie sich auf der CD diese Wegbeschreibung an und versuchen Sie, die Sätze nachzusprechen. Sehen Sie sich dann die Übersetzung an.

¿Cómo quieres ir, en metro o en autobús?

Wie willst du hinfahren, mit der U-Bahn oder mit dem Bus?

Tienes que bajar en la parada Tribunal y tomar la salida Fuencarral.

Du musst an der Haltestelle Tribunal aussteigen und den Ausgang Fuencarral nehmen.

Luego sigues todo recto por Fuencarral y giras a la derecha en la tercera bocacalle.

Danach gehst du an Fuencarral entlang geradeaus und biegst rechts an der dritten Seitenstraße ab.

5 TR. 83

Kreuzen Sie an, ob die folgenden Aussagen richtig (**correcto**) oder falsch (**falso**) sind. Den Dialog können Sie sich so oft anhören, wie Sie möchten. Im Wortschatzfeld rechts finden Sie Vokabelhilfen.

la dirección – *Adresse*
el lugar – *Ort*
lejos – *weit*
la línea de metro – *die U-Bahn-Linie*
el compañero – *Kollege*

		correcto	falso
1.	Rosita tiene que ir al museo.		
2.	La dirección es calle Colón, número 76.		
3.	El lugar no está muy lejos.		
4.	Rosita quiere ir en metro.		
5.	La línea de metro es directa desde su casa.		
6.	Rosita ha quedado con un compañero de trabajo.		
7.	Rosita ha quedado a las ocho de la tarde.		
8.	Chema cree que Rosita ha quedado con un amigo.		

6 TR. 83

Hören Sie sich nun den Dialog noch einmal an und lesen Sie ihn dabei im Begleitheft mit. Was sagt man, um sich selbst zu korrigieren? Schreiben Sie diesen Ausdruck in die Sprechblase.

In diesem Dialog kommt vier Mal ein Ausdruck vor, der bedeutet, dass man etwas tun muss. Unterstreichen Sie die vier Stellen im Dialog.
Wenn Sie möchten, können Sie zum Schluss die Übersetzung des Dialogs im Begleitheft nachlesen.

Unregelmäßige Verben: ***conocer*** *und* ***decir*** *– Präpositionen:* ***a*** *und* ***en***

7 CD 1 TR. 85

conocer	
conozco	______
______	______
______	______

Das Verb **conocer** *(kennen)* ist – mit Ausnahme der ersten Person Singular – ein regelmäßiges Verb auf **-er** wie **comer**. Hören Sie sich auf der CD die unregelmäßige Form an, sprechen Sie nach und schreiben Sie dann die fehlenden regelmäßigen Formen von **conocer** in die Konjugationsbox links. Auch die erste Person von **decir** *(sagen)* ist unregelmäßig: **yo digo**
Der Vokal im Stamm **dec-** wird zu **dic-**, wenn die Betonung auf der ersten Silbe liegt. Hier sehen Sie alle Formen von **decir**.

yo digo	**nosotros / nosotras decimos**
tú dices	**vosotros / vosotras decís**
él / ella / usted dice	**ellos / ellas / ustedes dicen**

8

Gut zu wissen:
Beim Verb **seguir** wird der Vokal **seg-** zu **sig-** in den Formen, deren Betonung auf dem Wortstamm liegt (wie bei **decir**): **sigo / digo; seguimos / decimos.**

Ergänzen Sie diese Minidialoge mit den passenden Verbformen.

1. • ¿ *(ihr / kennen)* ______________ a mi hermano?
   ○ Pues claro que lo *(wir / kennen)* ______________ .

2. • Perdona, ¿qué *(du / sagen)* ______________ ?
   (ich / sagen) __________ que *(wir / müssen)* __________ que irnos.

3. • Oye, ¿cómo *(wir / können)* ______________ llegar al centro?
   ○ Es muy fácil. *(ihr / weitergehen)* __________ esta calle y *(ihr / überqueren)* __________ la plaza. *(ihr / nehmen)* __________ la segunda bocacalle y después *(ihr / abbiegen)* __________ a la izquierda.

9

▶ § 37 Präpositionen

Das Verb **ir** bedeutet *gehen* sowie *fahren* und wird zur Angabe des Verkehrsmittels mit der Konstruktion **ir + en ...** verwendet:

Yo voy al trabajo en coche.

Eine Ausnahme bildet **ir a pie** *(zu Fuß gehen)*:

Mi casa no está lejos. Podemos ir a pie.

Wie kommen Sie zur Arbeit? **¿Cómo va usted al trabajo?**
Geben Sie eine Antwort und benutzen Sie dabei die Wendungen **en coche**, **en bicicleta**, **en autobús**, **a pie**.

10

1 TR. 86

Welche Wörter fehlen hier? Vervollständigen Sie die Sätze und überprüfen Sie Ihre Vermutungen dann mit Hilfe der CD.

▸ § 37 Präpositionen

1. Voy _____ un restaurante en la calle Colón.
2. El restaurante está _____ la calle Colón.
3. La abuela no está _____ casa.
4. ¡Tengo mucho sueño! Me voy _____ la cama.

Die Präposition **a** verwendet man, um auszudrücken, wohin man geht (je nachdem mit oder ohne Artikel):

Mañana tengo que ir <u>a</u> <u>la</u> oficina. / ¿Queréis ir <u>al</u> cine?
¿Vamos <u>a</u> casa / <u>a</u> Sevilla?

Die Präposition **a** steht auch immer zwischen **ir** und einem Infinitiv:

Voy a cenar. / Vamos a bailar.

Wie Sie schon wissen, verwendet man **estar en**, um einen (Stand-) Ort anzugeben: **El piso está <u>en</u> el Paseo de la Castellana.**

Gut zu wissen:
Wenn man jemanden besucht, wird auch **ir a casa** verwendet: **Voy a casa de Chema. ¿Vamos a casa de los primos?**

11

1 TR. 87

Sie wissen bereits, dass die Uhrzeit in der Alltagssprache meist im 12-Stunden-Rhythmus angegeben wird. Zur Unterscheidung der Tageszeiten wird, wenn es nicht aus dem Zusammenhang hervorgeht, **de la mañana**, **de la tarde**, **de la noche** hinzugefügt.
Hören Sie sich folgende Uhrzeiten an und sprechen Sie diese nach.

Son las diez y cuarto de la mañana.

Son las cinco y media de la tarde.

Son las once menos cuarto de la noche.

Wenn man Tageszeiten nicht in Verbindung mit einer Uhrzeit nennt, wird **por** verwendet: **¿Trabajas también <u>por</u> la tarde?**

Wegbeschreibung – Pröpositionen

12

Sie sind irgendwo in Spanien und wollen nach dem Weg fragen.
So können Sie Passanten ansprechen:

Oiga, perdone, ... (Sie-Form) **Perdón, ...**
Oye, perdona, ... (Du-Form) **Por favor, ...**

Dann können Sie Ihre Frage so formulieren:
¿Sabe dónde está la Plaza Mayor?
¿Sabes si hay una farmacia por aquí cerca *(eine Apotheke hier in der Nähe)?*

Die Antwort könnte folgende Wendungen enthalten:
Tiene que ... *(Sie müssen ...)* **Tienes que ...** *(Du musst ...)*

bajar en la parada Tribunal
tomar la primera *(erste)* / **segunda** *(zweite)* / **tercera** *(dritte)* **calle**
seguir *(weitergehen)* **todo recto hasta el semáforo** *(Ampel)*
torcer / girar / doblar *(abbiegen)* **a la derecha / a la izquierda en la primera bocacalle**
cruzar *(überqueren)* **la calle / la plaza** *(Platz)*

1 TR. 88 Hören Sie sich nun den Dialog auf der CD an. Was wird gesucht?

13

Schreiben Sie die fehlenden Präpositionen in die Lücken.

1. ¿Cómo vas _____ la oficina? ¿_____ pie o _____ metro?
2. ¿Sabéis si la biblioteca está _____ la calle Alcalá?
3. ¿El ayuntamiento está enfrente _____ bar o _____ lado?
4. El autobús circula desde las seis _____ la mañana. _____ la noche no hay servicio.
5. • _____ favor, ¿hay un estanco _____ aquí cerca?
   ○ Sí, tiene que girar _____ la derecha y seguir _____ el semáforo.

la biblioteca – *Bibliothek*
el ayuntamiento – *Rathaus*
circular – *fahren*
el servicio – *Dienst*
el estanco – *Tabakladen*

Gut zu wissen:
In einem spanischen **estanco** *(Tabakladen)* werden nicht nur Tabakwaren, sondern auch **sellos** *(Briefmarken)* und **periódicos** *(Zeitungen)* verkauft.

14

Schreiben Sie – falls notwendig – die richtige Form des bestimmten oder unbestimmten Artikels in die Lücken.

1. ● Perdone, ¿dónde está _____ catedral?
   ○ Detrás de _____ Plaza Mayor.
2. ● Oye, perdona, ¿dónde hay _____ parada de taxi?
   ○ Delante del parque.
3. ● Perdón, ¿hay _____ banco por aquí cerca?
   ○ Sí, está entre _____ cine y _____ Correos.
4. ● ¿Sabe dónde está _____ hotel "Reconquista"?
   ○ Sí, está en _____ Plaza Mayor.

15

▶ § 3 Betonung und Akzentsetzung

▶ § 16 Fragewörter

Manche Wörter tragen einen Akzent, da sie nicht den Betonungsregeln des Spanischen folgen. Einen Akzent verwendet man aber auch:

- bei allen Fragewörtern:

  ¿Qué? *(Was?)* **¿Quién?** *(Wer?)* **¿Cómo?** *(Wie?)*
  ¿Dónde? *(Wo?)* **¿De dónde?** *(Woher?)* **¿Adónde?** *(Wohin?)*

  Diese tragen den Akzent auch in indirekten Fragen, z. B.:
  Noelia no sabe dónde está la abuela.

- zur Unterscheidung der Bedeutung einsilbiger Wörter:

  tú *(du)* **tu** *(dein, deine)* **sé** *(ich weiß)* **se** *(sich)*
  él *(er)* **el** *(der)* **sí** *(ja)* **si** *(wenn, ob)*
  té *(Tee)* **te** *(dich, dir)*

Gut zu wissen:
Das Fragewort **¿quiénes?** ist die Pluralform von **¿quién?** *(wer?)*. Vergleichen Sie: **¿Quién es usted? ¿Quiénes son ustedes?**

Sehen Sie sich folgende Sätze an und setzen Sie die fehlenden Akzente.

1. ¿Como se llama tu mujer?
2. Yo no se donde vive el; y ¿tu?

Gut zu wissen:
Durch Anhängen der Pluralendung **-es** kann es vorkommen, dass ein Wort den Akzent verliert oder bekommt, damit die Betonung erhalten bleibt: **catalán – catalanes, joven – jóvenes.**

Bildergeschichte – Spiel: Buchstabenraten – Interkulturelles: Spanische Adressen

16 TR. 89

Diese Bilder sind durcheinander geraten. Hören Sie sich den Dialog an und bringen Sie die Bilder in die richtige Reihenfolge, indem Sie sie von 1–6 nummerieren. Dann können Sie sich den Dialog nochmals anhören und den Text im Begleitheft mitlesen.

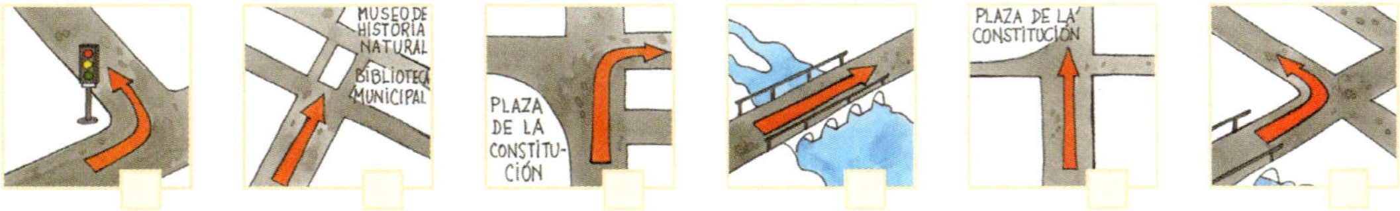

17

Zum Schluss noch ein kleines Spiel: Erraten Sie die gesuchten Begriffe bzw. Sätze! Viel Spaß!

1. *Nicht fahren:* _ _   _   _ _ _
2. *Ein Geschäft:* _ _ _   _ _ _ _ _ _ _ _
3. *Fragen, wie jemand zur Arbeit kommt:* ¿_ _ _ _   _ _ _   _ _   _ _ _ _ _ _ _ _?
4. *Mit einem Verkehrsmittel fahren:* _ _   _ _   _ _ _ _ _ _ _
5. *Eine Uhrzeit:* _   _ _ _   _ _ _ _

Interkulturelles

18

Bei der Angabe einer Adresse (**la dirección**) wird zuerst der Straßenname und dann die Hausnummer genannt. Dabei werden verschiedene Abkürzungen verwendet:

Calle *(Straße)* wird mit **C /** abgekürzt,
Avenida *(Straße oder Allee)* mit **Avda.**,
Plaza *(Platz)* mit **Pza.**,
sin número *(ohne Hausnummer)* mit **s / n**,
escalera *(Treppe)* mit **esc.**,
derecha *(rechts)* mit **dcha.** und
izquierda *(links)* mit **izqda**.

Es ist wichtig, dass Sie, wenn Sie jemanden in Spanien besuchen wollen, außer dem Straßennamen und der Hausnummer auch die Nummer und den Buchstaben der Wohnung kennen, da an der Haustür üblicherweise keine Namen stehen.

1 (CD 1, TR. 90)

Auf den Bildern sehen Sie einige Geschenkartikel. Hören Sie sich die spanischen Wörter auf der CD an und sprechen Sie diese nach.

un ramo de flores

cosméticos

una caja de bombones

unos patines en línea

un libro

un casco protector

joyas y bisutería

ropa

2 (CD 1, TR. 91)

Die Leute auf diesem Bild sind sehr aktiv und treiben verschiedene Sportarten. Lesen Sie die spanischen Wörter für die Sportarten, hören Sie sich diese auf der CD an und sprechen Sie sie nach.

Chema und Rosita kaufen ein Geschenk für Noelia

3 1 TR. 92

Chema und ihre Mitbewohnerin Rosita sind in einem Einkaufszentrum. Rosita soll Chema helfen, ein geeignetes Geburtstagsgeschenk für Noelia zu finden.
Sehen Sie sich die Bilder an und hören Sie sich den Dialog auf der CD an.

4 1 TR. 93

Hören Sie sich folgende Sätze auf der CD an und sprechen Sie sie nach.
Sehen Sie sich dann die Übersetzungen an.

¿Le gustan los cosméticos? ¡A mí me encantan!

No me atrevo a comprárselos.

¿Cómo es su carácter, qué le gusta?

Tiene una elegancia natural, no sé cómo decirte.

¿Qué tal si le compramos unos patines en línea?

Mag Sie Kosmetika? Ich liebe sie!

Ich traue mich nicht, sie ihr zu kaufen.

Wie ist ihr Charakter, was mag sie?

Sie hat eine natürliche Eleganz, ich weiß nicht, wie ich's dir sagen soll.

Wie wär's, wenn wir ihr Inlineskates kaufen?

5 TR. 92

Hören Sie sich den gesamten Dialog an und beantworten Sie die folgenden Fragen, indem Sie die richtigen Lösungen ankreuzen.

1. ¿Por qué Chema no le compra cosméticos?
   a. ■ porque a ella no le gustan
   b. ■ porque es una cosa muy personal
   c. ■ porque no sabe qué cosmético prefiere

2. ¿Qué le gusta a Noelia?
   a. ■ la bisutería
   b. ■ las joyas
   c. ■ la ropa moderna

3. ¿Qué deporte practica Noelia?
   a. ■ el motociclismo
   b. ■ el patinaje
   c. ■ el footing

4. ¿Qué quieren comprar Chema y Rosita?
   a. ■ un perfume
   b. ■ un casco protector
   c. ■ unos patines en línea

5. ¿Cuánto cuesta el regalo que compran?
   a. ■ € 85,50
   b. ■ € 150
   c. ■ € 58,50

6. ¿Qué le gusta a Rosita del regalo?
   a. ■ el color
   b. ■ el precio
   c. ■ la calidad

◂ **personal** – *persönlich*
prefiere ▸ **preferir** – *vorziehen, lieber mögen*
practicar – *treiben*
el motociclismo – *Motorradsport*
el perfume – *Parfüm*
cuesta ▸ **costar** – *kosten*
el regalo – *Geschenk*
el color – *Farbe*

Gut zu wissen:
Die Beträge mit Cents kann man mit **con** oder **y** ausdrücken, z. B. € 6,80:
seis euros con ochenta céntimos / seis euros y ochenta céntimos.

6 TR. 92

Hören Sie sich den gesamten Dialog nochmals an und lesen Sie ihn im Begleitheft mit. Wie fragt Chema nach Rositas Meinung? Suchen Sie die Frage im Dialog und schreiben Sie sie in die Sprechblase.

Wenn Sie möchten, können Sie sich jetzt die Übersetzung des Dialogs im Begleitheft ansehen.

*Das Verb **costar** - Das Fragewort **cuánto** - Demonstrativa*

7

1 TR. 94

Gut zu wissen:
Neben **¿Cuánto cuesta(n)?** kann man auch mit **¿Qué precio tiene(n)?** nach dem Preis fragen, z. B.:
¿Qué precio tiene este casco protector?
¿Qué precio tienen estos patines?

Das Verb **costar** *(kosten)* ist unregelmäßig (**o ▸ ue**). Es wird in der dritten Person benutzt, um nach dem Preis einer bestimmten Ware zu fragen:
¿Cuánto cuesta?
Hören Sie sich den folgenden Dialog zwischen einem Kunden und einer Verkäuferin an. Übernehmen Sie dann die Rolle des Kunden und vervollständigen Sie den Dialog.

Kunde / Kundin: ______________________________

Verkäuferin: 150 euros.

Kunde / Kundin: ______________________________

Verkäuferin: Los patines cuestan 200 euros.

8

▸ § 36 Fragewörter

Gut zu wissen:
Das Fragewort **cuánto** wird an das Substantiv angeglichen, auf das es sich bezieht:
Quería unas fresas. – Sí, ¿cuántas?

Setzen Sie die Fragewörter in die richtigen Lücken.

cuántos – cuánta – cuántas – cuánto

1. ¡__________ ropa tienes! – Es que me encanta ir de compras.
2. ¿__________ dinero tienes? – Tengo 15 euros, ¿y tú?
3. ¡__________ flores!, ¡y qué bonitas son! – Me las ha regalado mi vecino.
4. Y tú, ¿__________ años tienes? – Tengo 25 años.

9

▸ § 33 Demonstrativa

Gut zu wissen:
Ein Akzent auf dem Pronomen ist obligatorisch, um Missverständnisse zu vermeiden:
Dice que <u>ésta</u> *(eine Frau)* **mañana no tiene tiempo.**
Ansonsten ist der Akzent fakultativ.
Eso / esto tragen dagegen nie einen Akzent.

Wie Sie schon wissen, bezeichnen die Formen **este / esta / estos / estas** *(diese / r / s)* bestimmte Gegenstände oder Personen, die sich in der unmittelbaren Nähe des Sprechers befinden.
Die Demonstrativa **ese / esa / esos / esas** *(diese / r / s da)* dagegen bezeichnen Gegenstände oder Personen, die vom Sprecher weiter entfernt sind.

Beide Formen können allein oder in Verbindung mit einem Substantiv stehen, mit dem sie in Geschlecht und Zahl übereinstimmen müssen.
¿Cuánto cuesta este casco? - ¿Éste? 85 euros con 50.

Die Form **eso** (genauso wie **esto**) bezieht sich auf etwas, das nicht konkret genannt wird (Neutrum), und steht immer allein z. B.:
Es una persona abierta y eso me gusta.

10

▸ § 33 Demonstrativa

Sehen Sie sich die Bilder an und vervollständigen Sie die Sätze mit den richtigen Demonstrativa (**esta / este / estas / estos** bzw. **esa / ese / esas / esos**).

◂ **rojo/a** – *rot*

1. 
2. 
3. 
4. 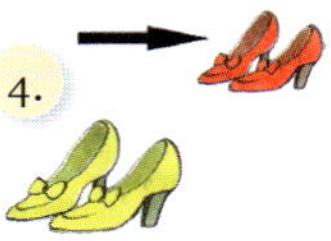
5. 

1. ______ libro es muy interesante.
2. ¿Cuánto cuestan ______ flores?
3. ______ señora de la foto es tu madre, ¿no?
4. ¿Te gustan ______ zapatos rojos?
5. ¿Por qué no le compramos ______ casco?

11

▸ § 27 Indirekte Pronomen

Im Spanischen kann das indirekte Pronomen (*mir*, *dir*, usw.) zweimal vorkommen. Zusätzlich zu den unbetonten Pronomen (**me**, **te**, **le**, **nos**, **os**, **les**) können auch die betonten Pronomen verwendet werden: **<u>A mí</u> me encantan los cosméticos.**
Anstelle des betonten Pronomens kann ein Name im Satz stehen:
¿<u>A Noelia</u> le gustan los cosméticos?
Diese Wiederholung dient zur Hervorhebung der Person und vermeidet Missverständnisse (vor allem in der dritten Person, denn **le** kann *ihm*, *ihr* oder *Ihnen* bedeuten und **les** *ihnen* oder *Ihnen*).

Hier sehen Sie alle betonten Pronomen:

a mí	**a nosotros / a nosotras**
a ti	**a vosotros / a vosotras**
a él / a ella / a usted	**a ellos / a ellas / a ustedes**

Gut zu wissen:
Achten Sie darauf, dass **mí** einen Akzent braucht, um sich von der Form **mi** (*mein/e*) zu unterscheiden.

CD 1 TR. 95

Setzen Sie die betonten indirekten Pronomen in die entsprechenden Lücken ein und überprüfen Sie Ihre Lösungen mit Hilfe der CD.

a ustedes – a vosotros – a mí – a ellas – a ti – a nosotros – a él

1. ¿______________ te falta algo?
2. ______________ no le gustan los museos, pero a mí sí.
3. ______________ nos gusta mucho viajar.
4. ______________ os encanta el cine, ¿verdad?

Indirekte Pronomen nach Präpositionen – Kombinierte Pronomen

12

§ 27 Indirekte Pronomen

In Verbindung mit Präpositionen wie z. B. **para** *(für)*, **con** *(mit)* und **sin** *(ohne)* werden die gleichen betonten Pronomen wie bei der Präposition **a** verwendet: **Este regalo es para ti.**

Übersetzen Sie die in Klammern angegebenen Ausdrücke ins Spanische und schreiben Sie sie in die Lücken.

1. ¿Este ramo de flores es *(für mich)* ________________?
2. Ana trabaja *(mit Ihnen)* ______________, ¿verdad?
3. Si queréis, podéis ir *(ohne mich)* _______________.
4. *(ohne dich)* ______________, no vamos a la fiesta.

In Verbindung mit der Präposition **con** sind die 1. und 2. Person Singular unregelmäßig: **conmigo** *(mit mir)* / **contigo** *(mit dir)*
¿Quieres venir conmigo? / Me encanta trabajar contigo.

13

§ 28 Kombinierte Pronomen

Wird in einem Satz ein indirektes und ein direktes Pronomen benutzt, so steht das indirekte vor dem direkten. Beide stehen vor dem Verb:

- ¿Te gusta mi bicicleta?
- ○ Sí, mucho.
- ¡Pues te la regalo!

Die indirekten Pronomen **le / les** werden zu **se**, wenn **lo / la / los / las** folgt:

- ¿Le has comprado ya a tu madre el regalo?
- ○ No, todavía no se lo he comprado.

14

Vervollständigen Sie folgende Dialoge mit den richtigen Pronomen.

1. • ¿Quién te ha regalado estas flores?
   ○ ______ ______ ha regalado un amigo.
2. • ¿Le habéis comprado la bufanda a la abuela?
   ○ Sí, ______ ______ hemos comprado esta tarde.
3. • ¿Quién os ha regalado los patines?
   ○ ______ ______ han regalado los tíos.

15

Bei Infinitivkonstruktionen mit Verben wie **querer**, **poder** oder Strukturen wie **tener que** + Infinitiv können die Pronomen vorangestellt oder angehängt werden:

Hola, buenos días. ¿<u>Les</u> puedo ayudar en algo?
Hola, buenos días. ¿Puedo ayudar<u>les</u> en algo?

▸ § 29 Stellung der Pronomen

Ändern Sie diese Sätze, indem Sie das Pronomen anhängen.

1. Te quiero regalar este libro.
2. Os tengo que decir una cosa.

Bei angehängten Pronomen soll die Betonung auf der gleichen Silbe des Verbs bleiben, d. h. man muss bei zwei angehängten Pronomen immer einen Akzent setzen: **No me atrevo a comprárselos.**

Gut zu wissen:
Achten Sie darauf, dass die Pronomen direkt an den Infinitiv angehängt werden.

16

1 TR. 96

Hören Sie sich auf der CD sechs Sätze an. Schreiben Sie diese Sätze um, indem Sie die Pronomen an den Infinitiv anhängen, z. B.: **No te lo puedo decir ▸ No puedo decírtelo.** Denken Sie an die Akzentsetzung!

Gut zu wissen:
Farben sind männlich: **el (color) blanco.** Sie gleichen sich an das Substantiv an: **los coches azules.** Die Farben **naranja** und **rosa** sind jedoch unveränderlich: **el casco rosa.**

17

1 TR. 97

Sehen Sie sich den Regenbogen und die Farben auf Spanisch an. Hören Sie sich diese auf der CD an und sprechen Sie sie nach.

Spiel: Bingo – Interkulturelles: Öffnungszeiten in Spanien

18

1 TR. 98

Möchten Sie Bingo spielen? Die CD diktiert Ihnen verschiedene Wörter. Sobald Sie ein Wort hören, das Sie auf einem Ihrer Bingokärtchen sehen, kreuzen Sie es an. Wenn Sie drei Kreuze in einer Reihe haben (waagerecht, senkrecht oder diagonal), haben Sie **¡Bingo!** Aber nicht mogeln! Überprüfen Sie in der Transkription im Begleitheft, ob Sie wirklich die richtigen Bilder angekreuzt haben.

Interkulturelles

19

In Spanien sind die Öffnungszeiten sehr unterschiedlich. Kleinere Geschäfte öffnen normalerweise von Montag bis Samstag zwischen 10.00 und 13.30 Uhr und nachmittags zwischen 16.30 oder 17.00 und 20.00 oder sogar 21.00 Uhr.

Größere Geschäfte oder diejenigen, die im Zentrum der Städte anzutreffen sind, machen oftmals keine Mittagspause und andere haben sogar 24 Stunden geöffnet.

Durchgehend von 10.00 Uhr bis 22.00 Uhr, einschließlich samstags, öffnen die **centros comerciales** *(Einkaufszentren)*, **grandes almacenes** *(Kaufhäuser)* und **hipermercados** *(große Supermärkte)*.

Banken und Post sind meist von Montag bis Samstag von 8.30 bis 14.00 Uhr für den Publikumsverkehr geöffnet. Behördengänge können in der Regel von Montag bis Freitag zwischen 8.30 und 14.00 Uhr gemacht werden.

1 TR. 99 Hören Sie sich den Minidialog auf der CD an und finden Sie heraus, wohin die Person anschließend geht.

1

Welche Antwort passt nicht? Kreuzen Sie sie an.

1. ¿Tienes que hacer algo mañana?
a. ■ Sí, quiero ir al centro para comprar una mesa.
b. ■ He estado con mis amigos.
c. ■ Tengo que terminar el proyecto.
d. ■ Pues, no; podemos hacer algo, si quieres.

2. ¿Tú sabes dónde está la parada de autobús?
a. ■ Sí, delante del cine.
b. ■ Creo que está enfrente del parque.
c. ■ Vive cerca de la estación.
d. ■ Al lado del supermercado hay una.

3. Perdone, ¿qué precio tienen estos zapatos?
a. ■ Un momento, por favor, ahora se lo digo.
b. ■ ¿Ésos? 44 euros.
c. ■ Cuestan 63 euros.
d. ■ Los quiero en negro.

4. ¿Tiene hora, por favor?
a. ■ Sí, es la una y media.
b. ■ No, lo siento.
c. ■ A las once y cuarto.
d. ■ Son las ocho menos veinte.

5. ¿Cómo quieres viajar?
a. ■ ¡Qué moto más bonita!
b. ■ En coche.
c. ■ Mejor en autobús.
d. ■ Creo que en tren es más rápido.

2 TR. 01

Die Reihenfolge dieser Bilder ist durcheinander geraten. Hören Sie sich den Dialog an und bringen Sie die Bilder in die richtige Reihenfolge, indem Sie sie von 1–6 nummerieren.

la Oficina de Información y Turismo – *Fremdenverkehrsamt*

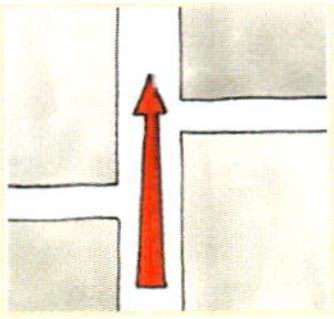

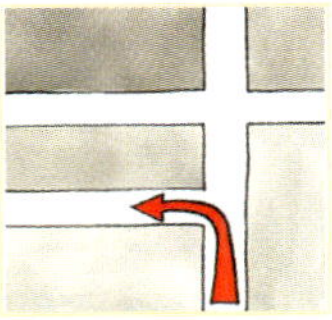

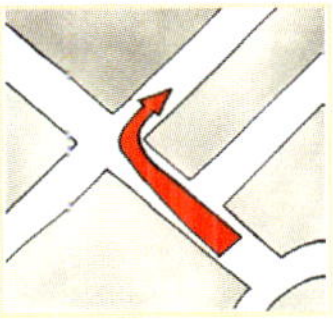

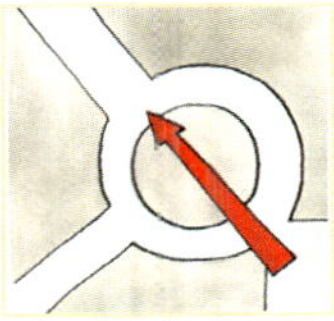

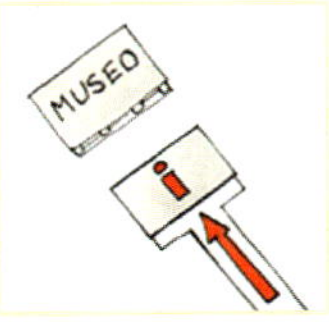

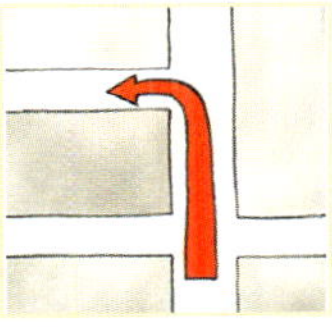

Fragen beantworten

3 TR. 02

Verbinden Sie die spanischen Sätze rechts mit den entsprechenden Umschreibungen links. Überprüfen Sie dann Ihre Lösungen mit Hilfe der CD und sprechen Sie die Sätze nach.

la corbata – *Krawatte*

1. *eine Meinung äußern*	a. ¿Quedamos el viernes para ir al cine?
2. *eine Erklärung einführen*	b. ¿Me puede enseñar alguna corbata en marrón?
3. *jemanden ansprechen und nach dem Weg fragen*	c. Lo siento mucho, no he podido llegar en punto.
4. *auf dem Markt etwas kaufen*	d. ¿Qué te parece este bolso rojo?
5. *im Kaufhaus nach etwas fragen*	e. Hoy no puedo salir. Es que tengo que trabajar, ¿sabes?
6. *einen Vorschlag machen*	f. ¡Tu idea me parece estupenda!
7. *sich entschuldigen*	g. Quería medio kilo de fresas.
8. *nach der Meinung fragen*	h. Oiga, perdone, ¿sabe si hay una farmacia por aquí cerca?

4

Beantworten Sie die folgenden Fragen und versuchen Sie dabei, die erlernten Vokabeln anzuwenden. Wenn Sie Hilfe brauchen, schlagen Sie im Wortverzeichnis im Begleitheft nach.

1. ¿Qué le gusta hacer después de trabajar?
2. ¿Qué productos compra usted en el mercado?
3. ¿Cómo va al trabajo?

5

Lesen Sie die folgenden Fragen und beantworten Sie sie. Im Begleitheft stehen Antwortvorschläge.

1. ¿Qué deporte/s practica usted?
2. ¿Cómo es usted? ¿Qué carácter tiene?
3. ¿Qué color le gusta más?
4. ¿Qué hace usted para divertirse?
5. ¿A qué hora cena?
6. ¿Qué le han regalado en su último cumpleaños?
7. ¿Qué película ha visto en el cine recientemente?
8. ¿Qué ha hecho esta semana?

6

Erinnern Sie sich noch an diese unregelmäßigen Verben? Schreiben Sie die fehlenden Formen in die Tabelle.

▸ § 14 Unregelmäßige Verben

querer	poder	decir
		digo
quieres		dices
	puede	
queremos	podemos	
		decís

Bei diesen Verben ändert sich der Stammvokal bei den Formen, deren Betonung auf dem Wortstamm liegt:

e ▸ ie: querer ▸ quiero **o ▸ ue: poder ▸ puedes** **e ▸ i: decir ▸ digo**

7

Vervollständigen Sie die folgenden Sätze mit den Präsensformen der in Klammern angegebenen Verben. Wenn Sie Hilfe zu den unregelmäßigen Verben benötigen, sehen Sie in der Grammatik nach.

▸ § 14 Unregelmäßige Verben

1. Oye, Jordi, ¿*(tener)* ____________ que hacer algo mañana?
2. ¿Cuánto *(costar)* ____________ estos zapatos?
3. ¿Cuánto le *(poner)* ____________, señora?
4. Tú *(seguir)* ____________ por aquí, y, al final, está el teatro.
5. Perdone, ¿*(haber)* ____________ una farmacia por aquí cerca?
6. Yo no *(conocer)* ____________ a esa persona, ¿y tú?

8

Vervollständigen Sie die folgenden Sätze mit **muy** oder **mucho**.

▸ § 12 muy / mucho

1. Ese chico es simpático y ________ inteligente.
2. A nosotros nos gusta ________ hacer montañismo.
3. Esa raqueta me parece ________ cara.
4. Usted habla ________ bien el español.

la raqueta – *Tennisschläger*

Pronomen

9 TR. 03

§ 27 Indirekte Pronomen

Hier sehen Sie vier Minidialoge. Setzen Sie die Kombinationen aus Präposition und Pronomen in die passenden Lücken. Achten Sie dabei auf den Zusammenhang und überprüfen Sie dann Ihre Lösungen mit Hilfe der CD.

sin vosotros – para mí – a ti – conmigo – para ti – sin ti – contigo – a mí

1. • Oye, quería hablar ________________ un momento.
   ○ ¿ ____________________ ? Está bien.
2. • He comprado este libro ____________________ .
   ○ ¿ ____________________ ? ¡Qué amable eres!
3. • Oye, Jordi, ¿ __________ te han dicho algo del nuevo proyecto?
   ○ No, ______________ nadie me ha dicho nada.
4. • No quiero ir ________________ .
   ○ Y nosotros __________________ tampoco.

10 TR. 04

§ 28 Kombinierte Pronomen

Vervollständigen Sie die folgenden Minidialoge, indem Sie die direkten und indirekten Pronomen in die richtigen Lücken setzen. Überprüfen Sie Ihre Lösungen mit Hilfe der CD und sprechen Sie die Sätze nach. Achtung! Einige Pronomen bleiben übrig. Wenn Sie Hilfe brauchen, sehen Sie in der Grammatik nach.

le – me – te – os – los – la – les – se – las – nos – lo – se

1. • ¿Por qué no me decís quién es?
   ○ No ______ ______ podemos decir todavía.
2. • ¿Quién os ha regalado estas gafas?
   ○ ______ ______ ha regalado nuestra abuela.
3. • ¿Le has dado la agenda a la secretaria?
   ○ Sí, ______ ______ he dado esta mañana.
4. • ¿Les habéis comprado los regalos a vuestros padres?
   ○ Sí, ______ ______ hemos comprado hoy.

11

§ 37 Präpositionen

Sehen sie sich die Sätze an. Welche Präposition fehlt, um den Satz zu vervollständigen? Wählen Sie jeweils die richtige Präposition aus.

1. _____ la tarde he quedado con unos amigos. *(de/a/por)*
2. Yo siempre viajo _____ coche. *(en/con/a)*
3. En la primera bocacalle tienes que girar _____ la izquierda. *(de/por/a)*
4. Son las diez _____ la mañana. *(a/de/por)*

12

§ 15 Perfekt

In diesem Text erzählt Rosita Ihnen, was sie heute gemacht hat. Vervollständigen Sie den Text mit dem passenden Verb im Perfekt. Wenn Sie die Bildung des Perfekt wiederholen möchten, lesen Sie das entsprechende Kapitel in der Grammatik.

Hoy por la mañana ______________ unas compras en el centro. Después, a mediodía, ______________ en un restaurante y ______________ un café en una terraza. Luego ______________ en el museo y ______________ hasta las ocho. Después ______________ al supermercado y ______________ una lechuga. Mi madre me ______________ por teléfono, ¡y las dos ______________ hasta las once de la noche!

______________ una ensalada, ______________ un poco la televisión y ahora me voy a la cama.

¡Hasta mañana!

Gut zu wissen:
Einige Verben haben unregelmäßige Partizipien:
ver › **visto** *(gesehen)*
hacer › **hecho** *(gemacht, getan)*

13

Schreiben Sie die Perfektform der in Klammern vorgegebenen Verben in die Lücken.

1. Yo a ellos no les *(decir)* ______________ nada.
2. Y tú, ¿qué *(hacer)* ______________ este fin de semana?
3. La secretaria *(ser)* ______________ muy amable con nosotros.
4. Y vosotros, ¿*(ver)* ______________ esa película también?

Uhrzeiten – Mengen-, Häufigkeits- und Ortsangaben

14

Sie hören auf der CD jeweils drei Minidialoge zu jedem Bild. Welcher Dialog passt zu der abgebildeten Uhrzeit? Kreuzen Sie an.

2 TR. 05

A

- Dialog 1
- Dialog 2
- Dialog 3

2 TR. 06

B

- Dialog 1
- Dialog 2
- Dialog 3

2 TR. 07

C

- Dialog 1
- Dialog 2
- Dialog 3

15

Ordnen Sie die Begriffe in absteigender Reihenfolge je nach ihrer Bedeutung – von mehr bis weniger und von häufiger bis weniger häufig – an.

poco – demasiado – bastante – nada – mucho

nunca – siempre – a veces – muchas veces

16

Verbinden Sie die Sätze rechts mit den entsprechenden Bildern links.

1.

2.

3.

a. Chema está enfrente de Jordi.

b. Rosita está a la izquierda de Chema.

c. Rosita está a la derecha de Jordi.

17 2 TR. 08

Hören Sie sich die Glückszahlen in der Lotterie an und schreiben Sie sie auf.

18

Vervollständigen Sie die Postkarte, die Rosita an ihre Freundin schreibt, mit Hilfe der angegebenen deutschen Wörter.

ihr – nicht wahr – Dienstag – Geschenk – sehr – helfen – sympathisch – Stadt

¡Hola, Lupita!

¿Cómo estás? Madrid es una __________ muy bonita y me gusta __________ trabajar en el museo.

Jordi y Chema, mis compañeros de piso, son unos chicos muy ____________________; siempre me __________ en todo, ¡incluso cocinan!

Este __________ he ido con Chema a comprar un regalo de cumpleaños para Noelia, la vecina.

Al final __________ hemos comprado un casco protector porque a ella le encanta patinar. Un __________ muy original, ¿__________?

Un beso, Rosita

Intonation – Betonung und Akzentsetzung

19

Zu jeder Aufgabe hören Sie jeweils drei Sätze. Achten Sie beim Hören auf die Intonation. Welcher von den drei Sätzen ist ein Fragesatz? Kreuzen Sie an. Die Bilder helfen Ihnen beim Verstehen der Sätze bzw. Fragen.

2 TR. 09
1. 

a. ☐
b. ☐
c. ☐

2 TR. 10
2. 

a. ☐
b. ☐
c. ☐

2 TR. 11
3. 

a. ☐
b. ☐
c. ☐

2 TR. 12
4. 

a. ☐
b. ☐
c. ☐

2 TR. 13
5. 

a. ☐
b. ☐
c. ☐

2 TR. 14
6. 

a. ☐
b. ☐
c. ☐

20

In den folgenden Sätzen fehlen die Akzente! Setzen Sie die fehlenden Akzente.

1. ¿Donde trabaja tu marido?
2. Si quereis, podemos tomar te.
3. Tu no sabes quien es el, pero yo si lo se.

Am besten lernen Sie alle Wörter immer gleich mit den entsprechenden Akzenten.

21

2 TR. 15

Die CD diktiert Ihnen vier Sätze. Schreiben Sie sie auf und vergessen Sie nicht, die Akzente zu setzen, wo es notwendig ist.

1

Sehen Sie sich diese Getränke an. Welche davon trinken Sie gern? Unterstreichen Sie Ihre Lieblingsgetränke.

un vino blanco

un vino tinto

un vino rosado

un vaso de leche

una caña de cerveza

un mosto

un refresco

agua sin gas

agua con gas

un zumo de naranja

2

Sehen Sie sich an, was die Personen gerade machen. Versuchen Sie, die Ausdrücke den Personen zuzuordnen und entsprechend von 1–8 zu nummerieren. Können Sie nun die Übersetzungen den spanischen Sätzen zuordnen?

■ está cortando cebolla – ■ están comiendo – ■ está viendo la televisión – ■ está llamando por teléfono – ■ está leyendo el periódico – ■ está enseñando un nuevo programa – ■ está preparando la cena – ■ están durmiendo

- ■ a. *sie telefoniert gerade*
- ■ b. *sie essen gerade*
- ■ c. *sie schlafen gerade*
- ■ d. *sie sieht gerade fern*
- ■ e. *er schneidet gerade Zwiebeln*
- ■ f. *er liest gerade die Zeitung*
- ■ g. *er zeigt gerade ein neues (Computer)programm*
- ■ h. *sie bereitet gerade das Abendessen vor*

Gespräch zwischen Charo und Agustín

3
CD 2, TR. 16

Es ist Abend: Herr und Frau Giménez (Charo und Agustín) sind zu Hause. Sie unterhalten sich über die neue Nachbarin Rosita.
Sehen Sie sich die Bilder an und hören Sie sich den Dialog an.

4
CD 2, TR. 17

Gut zu wissen:

Das Verb **tener** wird für viele Ausdrücke verwendet, wie z. B. **tener hambre / sed** *(Hunger / Durst haben)*, **tener frío / calor** *(jemandem ist kalt / warm)*, **tener prisa** *(in Eile sein)*, **tener 20 años** *(20 Jahre alt sein)*, **tener sueño** *(müde sein)*.

Hier sehen Sie einige Sätze aus dem vorigen Dialog. Hören Sie sich diese auf der CD an und sprechen Sie sie nach. Lesen Sie dann die Übersetzungen unten.

1. ¡Estoy preparando algo de cena! ¿No tienes hambre?
2. Aquí tienes el cuchillo. ¿Puedes cortar las cebollas también?
3. A ti Chema te cae muy bien, ¿verdad?
4. El chico le está enseñando un nuevo programa de ordenador.
5. Se llevan muy bien los dos … ¿Puedes preguntarle si quiere cenar con nosotros?

a. *Ich koche gerade etwas zum Abendessen! Hast du keinen Hunger?*

b. *Hier hast du das Messer. Kannst du bitte auch die Zwiebeln schneiden?*

c. *Du magst Chema, nicht wahr?*

d. *Der Junge zeigt ihr gerade ein neues Computerprogramm.*

e. *Die beiden verstehen sich sehr gut … Kannst du ihn fragen, ob er mit uns zu Abend essen will?*

5 CD 2 TR. 16

Sind folgende Aussagen richtig oder falsch? Kreuzen Sie an. Im Wortschatzfeld rechts finden Sie Hilfe zum Vokabular. Sie können sich den Dialog noch einmal anhören, bevor Sie antworten.

		correcto	falso
1.	Agustín no tiene hambre.		
2.	Agustín corta las patatas y las cebollas.		
3.	Rosita siempre vuelve a casa muy pronto.		
4.	Charo cree que Rosita tiene muchos amigos.		
5.	A Charo Chema le parece buen chico.		
6.	No hay vino para la cena.		
7.	Agustín para beber prefiere vino.		
8.	Agustín quiere comprar una botella de vino tinto y una cerveza.		

vuelve ▸ **volver** – *zurückkehren*
pronto – *früh*
prefiere ▸ **preferir** – *vorziehen, lieber mögen*

6 CD 2 TR. 16

Hören Sie sich den Dialog auf der CD an und lesen Sie den Text im Begleitheft mit. Unterstreichen Sie die Sätze, in denen jemand um einen Gefallen gebeten wird.

Was sagt man, um auszudrücken, dass man etwas vorzieht? Schreiben Sie den Ausdruck in die Sprechblase.

Zum Schluss können Sie sich die Übersetzung des gesamten Dialogs im Begleitheft durchlesen.

*Das Verb **preferir** – Das Verb **traer***

7 TR. 18

▸ § 14 Unregelmäßige Verben

Das Verb **preferir** *(vorziehen)* ist ein unregelmäßiges Verb, mit einer Änderung des Stammvokals (**e ▸ ie**). In der Grammatik finden Sie die ganze Konjugation des Verbs.
Hören Sie sich auf der CD den Minidialog an. Übernehmen Sie die zweite Rolle und schreiben Sie Ihre Antwort auf. Was trinken Sie lieber? Sie können die Getränke aus dem Bild auswählen.

Gastgeberin: ¿Qué prefieres para beber: agua o vino?

Gast: ______________________________

Gastgeberin: Yo tomo un agua.

8 TR. 19

Lesen Sie die Fragen. Hören Sie sich nun auf der CD pro Frage jeweils vier Antwortmöglichkeiten an und wählen Sie aus, was Sie lieber mögen. Sie können mehr als eine Antwort ankreuzen.

1. ¿Cómo prefiere cenar? a b c d
2. ¿Qué comida prefiere? a b c d
3. ¿Qué prefiere beber para cenar? a b c d
4. ¿Qué prefiere comprar en el mercado? a b c d

9 TR. 20

Versuchen Sie, die Formen des Verbs **traer** *(bringen)* in die richtigen Lücken zu setzen. Überprüfen Sie Ihre Lösungen mit Hilfe der CD.

traen – traemos – traes – traigo – trae – traéis

tú ________	Ana y tú ________	yo ________
Antonio ________	nosotras ________	ustedes ________

Beachten Sie:
Das Verb **traer** ist in der ersten Person Singular (**yo**) unregelmäßig.

10

TR. 21

Um eine Handlung zu beschreiben, die gerade stattfindet, verwendet man **estar** + Gerundium: **¡Estoy preparando algo de cena!** *(Ich bereite gerade etwas zum Abendessen vor!)*
Man bildet das Gerundium durch Anhängen einer Endung an den Verbstamm: **-ando** bei Verben auf **-ar** bzw. **-iendo** bei Verben auf **-er / -ir.**
Hören Sie sich folgende drei Sätze auf der CD an und schreiben Sie die fehlenden Formen von **estar** + Gerundium in die Lücken.

1. La vecina ____________________ por teléfono.
2. Los niños ____________________ la televisión.
3. ¿Qué ____________________?

Wenn der Verbstamm auf einem Vokal endet, wird die Endung **-endo** zu **-yendo**: **leer** *(lesen)* ▸ **leyendo**
Andere unregelmäßige Gerundien sind:
ir ▸ yendo **decir ▸ diciendo** **dormir ▸ durmiendo**

▸ § 18 Gerundium

Gut zu wissen:
Wenn der Satz ein Pronomen enthält, steht dieses entweder vor dem Verb **estar** oder es wird an das Gerundium angehängt: **Le estoy escribiendo una carta. / Estoy escribiéndole una carta.** Im zweiten Fall ist ein Akzent erforderlich, damit die Betonung auf der gleichen Silbe des Verbs erhalten bleibt.

11

Was machen diese Personen gerade? Vervollständigen Sie die Sätze mit dem entsprechenden Verb im Gerundium.

1. Agustín está __________ en la oficina.

2. Jordi está __________ un plátano.

3. Rosita está __________ una novela.

4. Charo está __________ la siesta.

12

Ergänzen Sie die Sätze mit den angegebenen Verben in der Form **estar** + Gerundium.

1. Las chicas *(patinar)* ____________________.
2. ¿Qué *(beber)* ____________________, Ana?
3. Rosita y yo *(comprar)* ____________________ el regalo para Noelia.
4. Rosita *(escribir)* ____________________ a sus padres.
5. Y vosotros, ¿también *(buscar)* ____________________ un piso en el centro?

*Adjektive vs. Adverbien – **el mismo / la misma / lo mismo***

13

§ 9 Adverb
§ 6 Adjektiv

Gut zu wissen:
Ähnlich wie beim Adverb **bien** und den Adjektiven **buen(o)**, **buena**, **buenos**, **buenas** ist auch die Verwendung des Adverbs **mal** und der Adjektive **mal(o)**, **mala**, **malos**, **malas** *(schlecht)*. Als Adjektiv wird **malo** zu **mal** (wie **bueno** zu **buen**), wenn es vor einem Substantiv steht: **No es un mal chico.**

bien ist ein Adverb, das heißt, es bezieht sich auf ein Verb (**estar bien**); **bueno / -a** dagegen ist ein Adjektiv und bestimmt die Eigenschaften eines Substantivs näher (**es una buena idea**).
Die Adjektive stehen im Spanischen meist nach dem Substantiv: **un piso pequeño**. Aber manchmal können sie vorangestellt werden, z. B. wenn eine subjektive Bewertung ausgedrückt wird: **Es una buena película**.
Wenn die männliche Form **bueno** vor dem Substantiv steht, wird sie zu **buen** verkürzt: **un buen vino**; **buena** dagegen wird nie verkürzt.

Setzen Sie die Wörter in die richtigen Lücken.

buen – bien – buen – bien

1. A ti Chema te cae muy ________, ¿verdad?
3. Me parece ________ chico.
3. Se llevan muy ________ los dos.
4. ¿Puedes comprar un ________ vino tinto?

14

el mismo bedeutet *derselbe* und als Adjektiv wird es an das Substantiv, auf das es sich bezieht, angeglichen. So gibt es die Formen **el mismo / la misma / los mismos / las mismas** *(der / die / das gleiche, der- / die- / dasselbe)*, die sich in Geschlecht und Zahl nach dem Substantiv richten, zu dem sie gehören.

Vervollständigen Sie die Sätze mit der entsprechenden Form.

1. A Juan y a Carlos les gusta ____________ chica.
2. ¿Sabes qué? Tú y yo tenemos ____________ perfume.
3. A mis amigos y a mí nos gusta practicar ____________ deportes.
4. Ese chico tiene ____________ gafas que tú.

el mismo / la misma / los mismos / las mismas können auch allein stehen. In diesem Fall kommt noch eine Neutrum-Form dazu: **lo mismo** *(dasselbe)*: **Noelia me ha comentado lo mismo.**

15

Wie Sie schon wissen, wird das Perfekt verwendet, um Handlungen und Ereignisse auszudrücken, die vom Sprecher in einem engen Bezug zum Sprechzeitpunkt gesehen werden. Es steht oft in Verbindung mit Angaben wie **este año** *(dieses Jahr)*, **este mes** *(diesen Monat)*, **esta semana** *(diese Woche)*, **hoy** *(heute)*, **todavía no** *(noch nicht)*, **ya** *(schon)*.
Man verwendet das Perfekt auch in Verbindung mit Zeitangaben wie **alguna vez** *(einmal)*, **muchas veces** *(viele Male)*, **un par de veces** *(ein paar Mal)*, **nunca** *(nie / niemals)*:

- **¿Has estado alguna vez en Latinoamérica?**
- **No, no he estado nunca, ¿y tú?**

▸ § 15 Perfekt

Gut zu wissen:
Wenn **nunca** nach dem Verb steht, ist eine doppelte Verneinung erforderlich: **No he estado nunca en Latinoamérica.** Steht **nunca** dagegen vor dem Verb, ist die doppelte Verneinung nicht möglich: **Nunca he estado en Latinoamérica.**

Lesen Sie die zwei Fragen und geben Sie jeweils eine Antwort. Verwenden Sie dabei die Ausdrücke **nunca**, **una vez**, **un par de veces**, **muchas veces**.

¿Ya ha estado en España? *(Waren Sie schon einmal in Spanien?)*
¿Ha comido paella alguna vez? *(Haben Sie schon einmal Paella gegessen?)*

16

Lesen Sie die folgenden Sätze. Trifft dies auch auf Sie zu? Wenn ja, antworten Sie mit **sí**, ansonsten mit **no**.

		sí	no
1.	He viajado muchas veces a Barcelona.		
2.	Todavía no he comido nada.		
3.	Este año he comprado un coche nuevo.		
4.	Ya he leído el periódico de hoy.		
5.	He estado un par de veces en México.		
6.	Nunca he practicado la vela.		
7.	He tenido que trabajar mucho esta semana.		
8.	He viajado una vez en el transiberiano.		

Die ***tortilla***

17

2 TR. 22

Chema und Rosita sind in der Küche. Chema zeigt ihr, wie die spanische **tortilla** zubereitet wird. Lesen Sie zuerst, was man alles für die Zubereitung einer **tortilla** braucht. Hören Sie sich dann den Dialog mehrere Male an und versuchen Sie, die Bilder in die richtige Reihenfolge zu bringen und entsprechend von 1-6 zu nummerieren.

ingredientes *(Zutaten)*:
- 1 kg. de patatas
- 6 huevos *(Eier)*
- 1 cebolla pequeña
- ½ litro de aceite de oliva *(halber Liter Olivenöl)*
- 2 cucharaditas de sal *(Teelöffel Salz)*

otras cosas:
- una sartén para freír las patatas *(eine Pfanne, um die Kartoffeln zu braten)*
- un bol para batir los huevos *(eine Schale, um die Eier zu schlagen)*
- un plato para darle la vuelta a la tortilla *(ein Teller, um die Tortilla umzudrehen)*

Interkulturelles

18

Die **tortilla de patatas** - das beliebte Omelett aus Kartoffeln und Eiern - ist für Spanien so typisch, dass es unter dem Namen **tortilla española** als Nationalgericht bekannt ist. Man isst **tortilla** oft zum Abendessen oder als **tapas** in einer Bar.

Heute macht man in Spanien mit fast allem eine **tortilla**: mit Spinat oder Bohnen, mit Schinken oder Pilzen. Außerdem gibt es viele regionale Varianten. Für die einfachste Madrider Variante brät man die Kartoffeln zusammen mit fein geschnittenen Zwiebeln oder Knoblauchzehen an. Die Masse wird dann mit den Eiern zu einem Omelett verarbeitet. Diese **tortilla** ist so populär, dass sie oft für das Ur-Rezept der **tortilla de patatas** (allerdings ohne Zwiebeln) gehalten wird.

Mit **tortilla** wird in Mexiko, Zentralamerika und in der Karibik dagegen etwas völlig Anderes bezeichnet. Hier sind es Maispfannkuchen, die aus Maismehl gemacht werden. In Mexiko werden sie z. B. mit Fleisch gefüllt und **enchiladas** genannt.

Spanische ***tapas*** *– Den Tagesablauf beschreiben*

1

2 TR. 23

So sieht eine typische Bartheke in Spanien aus. Hören Sie sich auf der CD an, wie die verschiedenen **tapas** *(Häppchen)* heißen, und sprechen Sie nach. Sehen Sie sich dann die Übersetzungen an.

1. *Frittierte Babytintenfische* – 2. *Kutteln* – 3. *Russischer Salat* – 4. *Frittierte Tintenfische* – 5. *Fleischbällchen* – 6. *Scharfe Kartoffeln* – 7. *Frittierte Sardellen* – 8. *Roher Schinken* – 9. *Kroketten* – 10. *Oliven*

2

2 TR. 24

Wie ist Agustíns Tagesablauf? Sehen Sie sich die Bilder an und hören Sie sich auf der CD an, was Agustín erzählt. Ordnen Sie dann die Sätze unten den entsprechenden Bildern zu. Informationen zu den neuen Vokabeln finden Sie rechts.

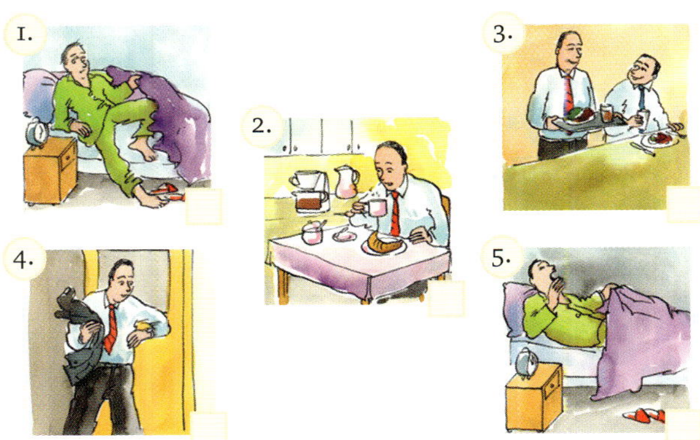

a. Desayuno un café con leche y un cruasán. – b. Almuerzo con mis compañeros en la cantina. – c. Por las mañanas me levanto temprano. – d. Me acuesto siempre bastante tarde. – e. Termino de trabajar a las seis.

Gut zu wissen:

Die Verbformen **almuerzo** und **me acuesto** sind die Formen der 1. Person Singular der unregelmäßigen Verben **almorzar** *(zu Mittag essen)* und **acostarse** *(ins Bett gehen)*.

me levanto
levantarse – *aufstehen*
temprano – *früh*
desayunar – *frühstücken*
el cruasán – *Croissant*
terminar – *aufhören, beenden*

In der Stammbar

3 2 TR. 25

Chema und Jordi sind in ihrer Stammbar und bestellen bei Paco, dem Kellner, kleine Häppchen. Dabei erzählen sie von ihrem unterschiedlichen Tagesablauf bei der Arbeit.
Sehen Sie sich das Bild an und hören Sie sich den Dialog auf der CD an.

4 2 TR. 26

Hören Sie sich folgende Sätze aus dem Dialog auf der CD an und lesen Sie mit. Können Sie die Übersetzungen den entsprechenden spanischen Sätzen zuordnen? Mit ein bisschen Intuition und Fantasie finden Sie bestimmt die zueinander gehörenden Sätze!

1. ¿Nos pones una tapa de patatas bravas?
2. ¿Qué tal te van las prácticas en la empresa?
3. La ventaja es que termino antes.
4. Comer en tan poco tiempo es menos sano.
5. Comer no es tan importante como el tiempo libre.
6. En la empresa se empieza a trabajar a las ocho.
7. Yo prefiero comer con más tranquilidad.
8. Así puedo hacer deporte después del trabajo.
9. Veo que te levantas siempre muy temprano.
10. Se almuerza en la cantina.

a. *Man isst in der Kantine.*
b. *Essen ist nicht so wichtig wie Freizeit.*
c. *Wie läuft denn das Praktikum in der Firma?*
d. *So kann ich nach der Arbeit Sport treiben.*
e. *Es ist ungesünder, in so kurzer Zeit zu essen.*
f. *Der Vorteil ist, dass ich früher fertig bin.*
g. *Ich sehe, dass du immer sehr früh aufstehst.*
h. *In der Firma fängt man um acht Uhr zu arbeiten an.*
i. *Gibst du uns eine* ***Tapa*** *mit* ***Patatas bravas****?*
j. *Mir ist es lieber, mit mehr Ruhe zu essen.*

5

TR. 25

Hören Sie sich zuerst den Dialog an. Welche der folgenden Aussagen macht Chema und welche Jordi? Kreuzen Sie an. Überlegen Sie dann, ob diese Aussagen auch auf Sie zutreffen.

	Chema	Jordi	Usted
1. Está contento en su empresa.			
2. Se levanta siempre muy temprano para ir a trabajar.			
3. Tiene tiempo de desayunar y de leer el periódico por la mañana.			
4. Empieza a trabajar a las nueve de la mañana.			
5. A mediodía almuerza en un restaurante con los colegas.			
6. Le gusta comer con tranquilidad.			
7. Sale temprano del trabajo.			
8. Hace deporte después del trabajo.			

6

TR. 25

Hören Sie sich den gesamten Dialog noch einmal an und lesen Sie den Text im Begleitheft mit. Können Sie aus dem Dialog erschließen, was man auf Spanisch sagt, um das Thema der Unterhaltung zu wechseln? Schreiben Sie diesen Ausdruck in die Sprechblase.

Noch unbekannte Wörter können Sie nun unterstreichen und aus dem Zusammenhang erschließen oder im Wortverzeichnis nachschlagen.

Reflexive Verben – Die unpersönliche Form ***se***

7

§ 21 Reflexive Verben

Folgende Sätze enthalten die zwei reflexiven Verben **levantarse** *(aufstehen)* und **acostarse** *(ins Bett gehen)*:
Te levantas siempre temprano. *(Du stehst immer früh auf.)*
Rosita se acuesta siempre muy tarde. *(Rosita geht immer sehr spät ins Bett.)*
Mehr zu den reflexiven Verben finden Sie in der Grammatik.

8

Vervollständigen Sie die Sätze mit der passenden Form im Präsens.

1. Jordi *(afeitarse)* ____________ en diez minutos.
2. Yo siempre *(adaptarse)* ____________ a todo rápidamente.
3. Creo que ustedes *(preocuparse)* ____________ demasiado por ella.
4. Eva y yo *(encontrarse)* ____________ muchas veces en la calle.
5. Sus amigos no *(atreverse)* ____________ a decirle nada.
6. Vosotros dos *(llevarse)* ____________ muy bien, ¿verdad?

9

§ 22 Unpersönliche Form **se**

En la empresa se empieza a trabajar a las ocho.
(In der Firma fängt man um acht Uhr an zu arbeiten.)
Bei allgemeinen Formulierungen wird im Spanischen die unpersönliche dritte Person **se** *(man)* verwendet. Das Verb steht dann in der 3. Person Singular.

Vervollständigen Sie diesen Satz mit der unpersönlichen Form **se**.

1. En el bar de Paco *(comer)* ____________ un jamón muy bueno.

Sehen Sie sich nun folgenden Satz an:
En ese bar se comen *(man isst)* **unas croquetas muy ricas.**
Wenn also das Objekt des Satzes ein Substantiv im Plural ist, so steht auch das Verb in der 3. Person Plural.

Vervollständigen Sie diese Sätze mit der unpersönlichen Form **se**.

2. En el supermercado *(comprar)* ____________ muchos productos.
3. En México *(hablar)* ____________ español.

10

Vervollständigen Sie die Sätze über die spanischen Gewohnheiten mit der unpersönlichen Form **se**.

▸ § 22 Unpersönliche Form **se**

1. En España normalmente *(desayunar)* ______________________ poco.
2. *(almorzar)* ______________________ entre la una y las tres y media.
3. *(cenar)* ______________________ entre las nueve y las diez de la noche.
4. *(salir)* ______________________ mucho los fines de semana.
5. En los bares *(tomar)* ______________________ tapas y *(hablar)* ______________________ mucho.
6. *(tratar)* ______________________ a la gente de tú con mucha frecuencia.
7. No sólo *(bailar)* ______________________ flamenco.

11

Para mí hacer deporte es tan importante como salir con los amigos. *(Für mich ist Sport zu treiben genauso wichtig wie mit Freunden auszugehen.)*
Wenn man beim Vergleich Gleichheit ausdrücken will, verwendet man folgende Struktur:

tan + Adjektiv (z. B. **importante**) **+ como**
genauso + Adjektiv (z. B. *wichtig*) *+ wie*

Wenn der Gegenstand des Vergleichs ein Substantiv ist, verwendet man **tanto / -a / -os / -as** statt **tan**:
Chema tiene tantos amigos como Jordi.
(Chema hat genauso viele Freunde wie Jordi.)
Achten Sie darauf, dass **tanto / -a / -os / -as** mit dem Substantiv in Geschlecht und Zahl übereinstimmen muss.

▸ § 10 Vergleich

Vervollständigen Sie die Sätze, indem Sie die Wörter in die richtigen Lücken setzen.

tan – tanto – tanta – tantas

1. Yo tengo ________________ dinero como tú.
2. Aquí hay ________________ comida como en un restaurante.
3. En esa empresa hay ________________ secretarias como jefes.
4. Las patatas bravas están ________________ ricas como los chopitos.

Der Vergleich

12

▸ § 10 Vergleich

Sie haben gerade den Vergleich bei Gleichheit gelernt. Diese Gleichheit kann man auch verneinen:
Comer en casa <u>no</u> es <u>tan</u> práctico <u>como</u> comer en la cantina.
(Zu Hause zu essen ist nicht so praktisch wie in der Kantine zu essen.)

Dies könnte man auch durch einen anderen Vergleich formulieren, bei dem Überlegenheit ausgedrückt wird:
Comer en la cantina es <u>más</u> práctico <u>que</u> comer en casa.
(In der Kantine zu essen ist praktischer als zu Hause zu essen.)

Oder auch durch einen Vergleich der Unterlegenheit:
Comer en casa es <u>menos</u> práctico <u>que</u> comer en la cantina.
(Zu Hause zu essen ist weniger praktisch als in der Kantine zu essen.)

Bei einige Adjektiven wird der Vergleich nicht durch **más** oder **menos** ausgedrückt, sondern sie haben eigene, unregelmäßige Vergleichsformen z. B.:
bueno / -a *(gut)* ▸ **mejor** *(besser)*
malo / -a *(schlecht)* ▸ **peor** *(schlechter)*

Vervollständigen Sie die Sätze, indem Sie die angegebenen Wörter ins Spanische übersetzen.

1. Yo trabajo *(mehr)* ______ horas *(als)* ______ tú.
2. Tú trabajas *(weniger)* ______ horas *(als)* ______ yo.
3. Tú no trabajas *(genauso viele)* ______ horas *(wie)* ______ yo.

13

Vervollständigen Sie die Sätze, indem Sie die angegebenen Wörter ins Spanische übersetzen.

1. Nacho no es *(so schüchtern wie)* ______________________ Noelia.
2. Esta novela no es *(so gut wie)* ______________________ la otra.
3. Esos zapatos rojos son *(extravaganter als)* ______________________ éstos.
4. Tu jefa es *(sympathischer als)* ______________________ mi secretaria.
5. Tienes *(so viele Pflanzen wie)* ______________________ mi vecina.
6. En esa tienda tienen *(so viele Sofas wie)* ______________________ en la otra.
7. El autobús es *(praktischer als)* ______________________ el coche.
8. Aquí hay *(weniger Leute als)* ______________________ en el bar de Paco.

14

Sie kennen schon Sätze mit **estar** + Gerundium (z. B. **estoy comiendo**). Das Gerundium kann auch in Verbindung mit anderen Verben stehen, wie zum Beispiel dem Verb **pasar** *(verbringen)*.

▶ § 13 Gerundium

2 TR. 27

Hören Sie sich an, was Jordi erzählt, und vervollständigen Sie den Satz mit den fehlenden Wörtern.

Así puedo hacer un poco de deporte después del trabajo, salir con amigos o, si estoy muy estresado, pasar la tarde tranquilamente en casa ____________ un libro o ______________ la tele …

Wie Sie an diesem Beispiel sehen, steht das Gerundium für einen Nebensatz, der im Deutschen mit „indem" eingeleitet wird. Das Gerundium kann auch allein vorkommen und steht dann für andere Nebensätze, die auf Deutsch z. B. durch „wenn" eingeleitet werden:
Comiendo en la cantina se ahorra tiempo y dinero.
(Wenn man in der Kantine isst, spart man Zeit und Geld.)

Gut zu wissen:
Man findet das Gerundium außerdem in festen Ausdrücken wie z. B.:
Oye Jordi, y hablando de otro tema, …
(Sag mal Jordi, was ganz Anderes, …)

15

In diesen Sätzen wird Zustimmung bzw. Widerspruch ausgedrückt:
<u>Sí</u>, <u>tienes razón</u>, aunque comer en tan poco tiempo es menos sano.
<u>Sí</u>, <u>pero</u> para mí comer mejor al mediodía no es tan importante como tener más tiempo libre.

2 TR. 28

Verbinden Sie die Sätze auf der linken Seite mit den passenden Reaktionen rechts. Überprüfen Sie Ihre Lösungen mit Hilfe der CD.

1. Hacer deporte es algo muy sano.	a. Sí, pero demasiado serio, ¿no crees?
2. Tu jefe me ha parecido muy amable.	b. No es verdad, era muy divertida.
3. Creo que no te ha gustado la película.	c. Estoy totalmente de acuerdo.

Rollenspiel: Eine Umfrage – Interkulturelles: Die ***Tapas****-Bars*

el entrevistador – *Interviewer*
la encuesta – *Umfrage*
los horarios – *Arbeitszeiten*
las costumbres – *Gewohnheiten*
responder – *antworten*
la pregunta – *Frage*
por último – *als Letztes*

16

TR. 29

Agustín kommt von der Arbeit nach Hause zurück und trifft auf der Straße einen Interviewer, der eine Umfrage macht. Hören Sie sich den Dialog an. Versuchen Sie dann, auf die Fragen Auskunft über Ihre eigenen Gewohnheiten zu geben und aufzuschreiben.

Entrevistador: Perdone, señor. Estamos haciendo una encuesta sobre los horarios y las costumbres de los españoles. ¿Puede responder a un par de preguntas?

Usted: ______________________________

Entrevistador: Muy bien. Usted, ¿a qué hora se levanta?

Usted: ______________________________

Entrevistador: ¿Y a qué hora empieza a trabajar?

Usted: ______________________________

Entrevistador: ¿Almuerza en su casa?

Usted: ______________________________

Entrevistador: ¿Y a qué hora termina de trabajar?

Usted: ______________________________

Entrevistador: ¿Lee el periódico todos los días?

Usted: ______________________________

Entrevistador: Y ya por último, ¿a qué hora se acuesta usted?

Usted: ______________________________

Entrevistador: Eso ha sido todo. Muchas gracias por su ayuda.

Usted: ______________________________

Interkulturelles

17

Bars gibt es überall in Spanien - in Städten sowie Dörfern. Die Bar spielt eine besondere Rolle als sozialer Treffpunkt. Dort frühstückt man mit Kaffee, **churros** *(frittiertes Spritzgebäck)* oder einem **cruasán** *(Croissant)*. Mittags geht man in die Bar, um eine Kleinigkeit zu essen, die **tapas**.

Auch am Ende des Tages isst man häufig nochmals **tapas** und trinkt dazu meist Wein oder Bier. Die Bars sind normalerweise sehr voll, und es herrscht eine entspannte, fröhliche Atmosphäre. Es wird laut gesprochen, gelacht und viel geraucht. Die Bar als allgemeiner Treffpunkt, wo man in lockerer Atmosphäre isst, trinkt und plaudert, ist ein wichtiger Ausdruck der spanischen Lebensweise, ebenso wie abends durch verschiedene **Tapas**-Bars zu ziehen (**ir de tapeo**).

Körperteile – Körperliche Beschwerden beschreiben

1
2 TR. 30

Hören Sie sich die Bezeichnungen der Körperteile auf der CD an und sprechen Sie sie nach. Die Bedeutungen der Wörter können Sie mit Hilfe des Bilds sicherlich erraten!

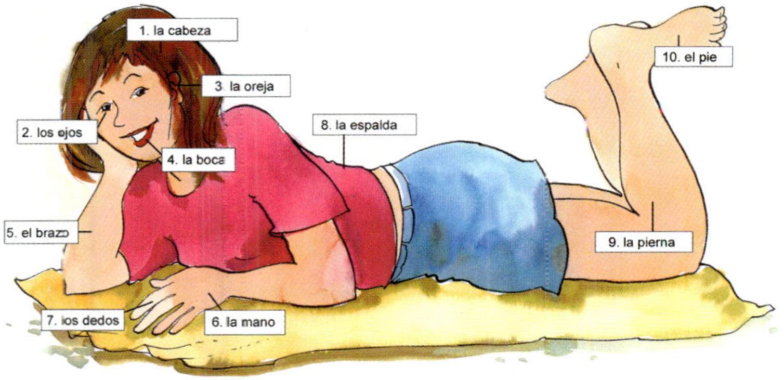

Gut zu wissen:
Achtung! Trotz der Endung auf **-o** ist **mano** ein weibliches Substantiv: **la mano / las manos.**

2
2 TR. 31

Sehen Sie sich die Personen auf dem Bild an. **¿Qué les pasa?** *(Was ist los mit ihnen?)*. Hören Sie sich auf der CD an, welche Beschwerden sie haben, und versuchen Sie, die Sätze nachzusprechen. Lesen Sie dann die Übersetzungen unten.

1. Ich habe Fieber. – 2. Ich glaube, ich habe Grippe. – 3. Ich fühle mich schlecht. – 4. Ich habe Kopfschmerzen. – 5. Ich habe Husten. – 6. Mir tun die Beine weh. – 7. Ich habe Halsschmerzen. – 8. Ich habe Zahnschmerzen. – 9. Ich bin erkältet. – 10. Mein Rücken tut weh.

Im Wartezimmer des Hausarztes

3

CD 2 TR. 32

Noelia und Rosita treffen sich zufällig im Wartezimmer des Hausarztes. Sie sprechen über ihre Beschwerden und … über Männer! Sehen Sie sich die Bilder an und hören Sie sich den Dialog mehrmals an.

4

CD 2 TR. 33

Hören Sie sich auf der CD einige Sätze aus dem Dialog an und sprechen Sie sie nach. Lesen Sie dann die Übersetzungen.

1. ¡Qué casualidad! — a. *Was für ein Zufall!*
2. ¿Qué te pasa? — b. *Was ist mit dir?*
3. ¡Vaya! — c. *So ein Pech!*
4. Parecen síntomas de estrés … — d. *Das scheinen Stresssymptome (zu sein) …*
5. Eso no es sano. — e. *Das ist nicht gesund.*
6. Es importante descansar … — f. *Es ist wichtig, sich auszuruhen …*
7. ¿A qué te refieres? — g. *Wie meinst du das?*
8. Chema no es mi tipo. — h. *Chema ist nicht mein Typ.*
9. ¡Jordi es demasiado delgado! — i. *Jordi ist (mir) zu schlank!*
10. ¡Que te mejores! — j. *Gute Besserung!*

5 TR. 32

Hören Sie sich den Dialog nochmals an. Markieren Sie dann, ob diese Aussagen richtig oder falsch sind.

		correcto	falso
1.	Noelia está resfriada pero no tiene fiebre.		
2.	Rosita tiene dolor de espalda y se siente cansada.		
3.	Noelia cree que Rosita tiene estrés.		
4.	Rosita trabaja mucho y duerme siete horas al día.		
5.	Noelia le dice a Rosita que tiene que dormir más.		
6.	A Rosita le gusta Chema.		
7.	Noelia opina que Jordi es demasiado delgado.		
8.	Rosita está contenta con sus compañeros de piso.		

Gut zu wissen:

Bei dem Verb **dormir** *(schlafen)* ändert sich der Stammvokal **o** zu **ue** in den Formen, in denen die Betonung auf den Stammvokal fällt: **Rosita duerme poco**.

6 TR. 32

Hören Sie sich den Dialog noch einmal an und lesen Sie den Text im Begleitheft mit. Wie wünscht Noelia Rosita eine gute Besserung? Schreiben Sie den Ausdruck in die Sprechblase.

Noelia gibt Rosita einige Ratschläge. Finden Sie diese Stellen im Text und unterstreichen Sie sie.

7 TR. 34

Hören Sie sich folgende Ratschläge an und sprechen Sie nach.

Hay que tomar mucha vitamina C.
Man muss viel Vitamin C nehmen.

Para relajarse es muy bueno hacer yoga.
Um sich zu entspannen, ist es sehr gut Yoga zu machen.

Un jarabe hace bien contra el dolor de garganta.
Ein Sirup tut gut gegen Halsschmerzen.

Gut zu wissen:

Bitte beachten Sie: *etwas gegen den Schmerz* wird im Spanischen mit **algo contra** aber auch **algo para el dolor** ausgedrückt.

*Die Verben **doler** und **sentirse** – Adverbien*

8

▶ § 14 Unregelmäßige Verben

Das Verb **doler** *(weh tun)* ist unregelmäßig, denn der Stammvokal **o** ändert sich zu **ue** in den Formen, in denen die Betonung auf den Stammvokal fällt:

Me duelen las piernas. *(Meine Beine tun weh.)*

Übersetzen Sie folgenden Satz.

Tun deine Füße weh? – ______________________________

Gut zu wissen:

Im Spanischen ist die Formulierung mit dem Possessiv nicht üblich. Man sagt: **Me duele la cabeza.**

Das reflexive Verb **sentirse** *(sich fühlen)* ist auch ein unregelmäßiges Verb, bei dem der Stammvokal **e** in den stammbetonten Formen zu **ie** wird:

Me siento muy cansada. *(Ich fühle mich sehr müde.)*

Vervollständigen Sie die folgenden Sätze mit dem Verb **sentirse**.

1. ¿Cómo ______________, mamá?
2. Nosotros ______________ muy bien aquí.
3. Las chicas ______________ un poco mal.

9

▶ § 9 Adverb

Adverbien können von Adjektiven abgeleitet werden, indem man die Endung **-mente** an die weibliche Form des Adjektivs anhängt:

seguro / -a *(sicher)* ▶ **seguramente** *(sicherlich)*

Gut zu wissen:

Achtung: Wenn das Adjektiv einen Akzent trägt, bleibt dieser auch beim Adverb erhalten (z. B. **fácilmente**).

Wenn das Adjektiv nur eine Form für männlich und weiblich hat, wird direkt die Endung **-mente** angehängt:

fácil *(leicht)* ▶ **fácilmente** *(leicht, mühelos)*

Bilden Sie von folgenden Adjektiven jeweils das Adverb.

1. amable – 2. estupendo – 3. normal – 4. sincero

10

▶ § 9 Adverb

Vervollständigen Sie die Sätze mit dem entsprechenden Adverb.

1. Hemos ido *(directo / a)* ______________________ al hospital.
2. ¿Por qué no se lo dices *(personal)* ______________________?
3. Te ha mirado muy *(serio / a)* ______________________.
4. Me ha dicho *(tímido / a)* ______________________ que sí.
5. Tienes que volver a casa *(rápido / a)* ______________________.

11

Unpersönliche Wendungen kann man durch die Struktur **(no) es** + Adjektiv + Infinitiv ausdrücken:

▸ § 23 Infinitivkonstruktionen

<u>Es importante</u> descansar. *(Es ist wichtig, sich auszuruhen.)*
<u>No es fácil</u> encontrar compañeros de piso tan agradables.
(Es ist nicht leicht, so freundliche Mitbewohner zu finden.)

2 TR. 35

Hören Sie sich folgende Sätze auf der CD an und ergänzen Sie die fehlenden unpersönlichen Ausdrücke.

1. ______________________ compartir piso con amigos.
2. ______________________ tener siempre dolor de cabeza.
3. ______________________ dormir tan poco.

12

Sie kennen schon die Wendung **tener que** + Infinitiv, um eine Verpflichtung oder Notwendigkeit auszudrücken, z.B.:

Tengo que trabajar. *(Ich muss arbeiten.)*

Dies kann man auch unpersönlich mit **hay que** ausdrücken, z.B.:

Hay que trabajar. *(Man muss arbeiten.)*

So formuliert auch Noelia ihren Ratschlag an Rosita:

Hay que dormir siete horas como mínimo.
(Man muss mindestens sieben Stunden schlafen.)

2 TR. 36

Hören Sie sich folgende drei Ratschläge für ein gesundes Leben an.

Betonte Possessiva – Personen beschreiben

▶ § 34 Possessiva

Gut zu wissen:

Fragt man nach dem Besitzer, steht kein Artikel vor dem Possessiv:

- • **¿Son tuyas estas flores?** *(Sind es deine Blumen?* bzw. *Sind diese Blumen von dir?)*
- ○ **Sí, son mías**. *(Ja, sie sind meine* bzw. *Sie sind von mir.)*

13

Pero tu familia está cerca, ¡y la mía está tan lejos!
(Aber deine Familie ist in der Nähe, und meine ist so weit weg!)
Die betonten Possessiva (mit bestimmtem Artikel) verwendet man, um ein schon genanntes Substantiv nicht zu wiederholen.
Hier sehen Sie alle Formen der betonten Possessiva:

mío, mía / míos, mías	**nuestro, nuestra / nuestros, nuestras**
tuyo, tuya / tuyos, tuyas	**vuestro, vuestra / vuestros, vuestras**
suyo, suya / suyos, suyas	**suyo, suya / suyos, suyas**

Übersetzen Sie die angegebenen Possessiva ins Spanische.

1. • Mis hijos van al cine con mucha frecuencia.
   ○ *(meine)* ________, también, pero *(ihre)* ________, prefieren ver la tele.
2. • Su hermana es enfermera.
   ○ *(unsere)* ________ también; y *(deine)* ________, ¿qué hace?

14

2 TR. 37

Hören Sie sich folgende Personenbeschreibungen auf der CD an und sprechen Sie sie nach. Versuchen Sie dann, die Übersetzungen unten den entsprechenden spanischen Sätzen zuzuordnen.

Gut zu wissen:

Die Verben **ser** und **tener** stehen für dauerhafte Merkmale: **Es alta, tiene el pelo liso.** Für vorübergehende Merkmale wird das Verb **llevar** *(tragen)* benutzt: **Lleva el pelo corto.**

■ a. *Er hat kurze Haare.* – ■ b. *Er ist jung.* – ■ c. *Er hat blonde Haare.* – ■ d. *Er ist ein älterer Mann.* – ■ e. *Sie hat lockige Haare.* – ■ f. *Er hat einen Bart.* – ■ g. *Er ist dunkelhaarig.* – ■ h. *Sie hat glatte Haare.* – ■ i. *Sie ist weder groß noch klein.* – ■ j. *Sie hat kastanienbraune Augen.*

15

2 TR. 38

Hören Sie sich die Beschreibungen unserer Freunde an. Schreiben Sie die jeweilige Zahl zu der entsprechenden Person unten im Bild.

1. Es una chica delgada, morena, de ojos negros y tiene el pelo bastante largo.
2. Es bastante alto y muy delgado; es moreno, de ojos negros y tiene el pelo corto.
3. Tiene los ojos castaños y el pelo negro. No lleva barba ni bigote.
4. Es joven: sólo tiene 20 años. Es delgada y tiene el pelo corto y liso.
5. Tiene los ojos castaños. Tiene el pelo castaño y lo lleva un poco largo. También lleva barba.
6. Es una señora mayor; es bajita y tiene el pelo blanco.
7. No es alta ni baja. Tiene los ojos castaños y lleva el pelo corto.

16

A mí también <u>me gustaría</u> ser independiente y compartir piso con amigos.
(Ich würde auch gerne unabhängig sein und eine Wohnung mit Freunden teilen.)
Um einen Wunsch auszudrücken, kann man den Ausdruck **me / te / ... gusta** im Konditional verwenden, d.h. **me / te / ... gustaría**.

2 TR. 39

Geben Sie persönliche Antworten auf folgende zwei Fragen. Auf der CD können Sie sich Antwortmöglichkeiten anhören.

¿Adónde le gustaría ir este fin de semana?
¿Dónde le gustaría tener una casa?

Ein Lied – Ein Kreuzworträtsel

17

el burro – *Esel*
la gorrita – *Mützchen*
los zapatitos – *kleine Schuhe*
lila – *lila*
tieso / a – *steif*
el corazón – *Herz*
el limón – *Zitrone*
la pezuña – *Huf, Klauen*

Hören Sie sich das Lied mit dem Titel **A mi burro** auf der CD an. Es ist ein Kinderlied und enthält daher viele Verkleinerungsformen auf **-ito / -ita**. Bringen Sie die Bilder in die Reihenfolge, wie sie im Lied vorkommen, und nummerieren Sie die Bilder entsprechend von 1 - 6.

18

Lesen Sie die Definitionen und tragen Sie die gesuchten Wörter in das Kreuzworträtsel ein.

1. ¡Una parte del cuerpo muy importante!
2. Si usted tiene fiebre y se siente muy cansado tiene síntomas de…
3. Algo para el dolor de cabeza.
4. Una parte del cuerpo que sirve para hablar.
5. Algo para el dolor de garganta.
6. Una parte del cuerpo que sirve para caminar.
7. Algo que se toma para estar sano.

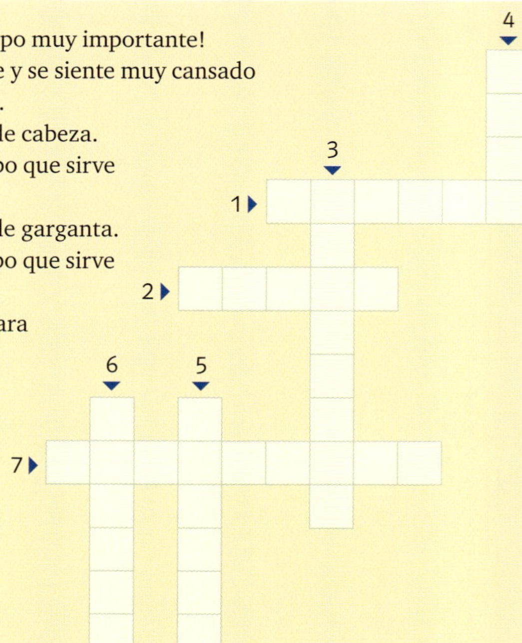

1
2 TR. 41

Auf dieser Speisekarte fehlen einige Gerichte. Hören Sie sich diese auf der CD an und versuchen Sie, sie an die passende Stelle zu schreiben. Lesen Sie dann die Übersetzungen der Gerichte unten.

ensalada mixta – gazpacho – pulpo a la gallega – merluza a la romana – bacalao al pil pil – flan – fruta del tiempo – helado – pan

el bacalao al pil pil – *Kabeljau mit Chili und Knoblauch*
la chuleta de cordero a la brasa – *gegrilltes Lammkotelett*
la ensalada mixta – *gemischter Salat*
el flan – *Karamellpudding*
la fruta del tiempo – *Frischobst*
el gazpacho – *kalte Gemüsesuppe*
el helado – *Eis*
la merluza a la romana – *panierter Seehecht*
el pollo asado – *Brathähnchen*
el pulpo a la gallega – *Krake nach galicischer Art*
la sopa de pescado – *Fischsuppe*
el yogur – *Joghurt*

el menú – *Menü, Speisekarte*
el primer plato – *erster Gang*
el segundo plato – *zweiter Gang*
el postre – *Nachtisch*
incluido – *inklusive*

Gut zu wissen:
Die spanische **I.V.A. (impuesto sobre el valor añadido)** entspricht der MWSt. *(Mehrwertsteuer)*. Normalerweise ist sie im Preis inbegriffen, sonst wird sie extra angegeben.

2
2 TR. 42

Hören Sie sich auf der CD an, was diese Leute gestern (**ayer**) bzw. neulich (**el otro día**) gemacht haben. Bei den angegebenen Wörtern handelt es sich um die verwendeten Verbformen.

ayudó

compré

dijo

hicimos

ayudó (▸ **ayudar**) – *er/sie/es half*
compré (▸ **comprar**) – *ich kaufte*
dijo (▸ **decir**) – *er/sie/es sagte*
hicimos (▸ **hacer**) – *wir machten*

Noelias Geburtstag

3 2 TR. 43

Es ist Noelias Geburtstag und Chema lädt sie ins Restaurant zum Abendessen ein. Sehen Sie sich die Bilder an und hören Sie sich den Dialog mehrmals an.

4 2 TR. 43

Hören Sie sich das Gespräch zwischen Chema und Noelia nochmals an und kreuzen Sie die Sätze an, die zum Dialog passen.

1. ■ Noelia pide de primer plato bacalao al pil pil.
2. ■ Chema quiere tomar chuletas de cordero.
3. ■ Noelia quiere beber vino tinto y agua.
4. ■ El camarero le trae a Noelia un vino del Penedés.
5. ■ Chema y Rosita no se llevan muy bien.
6. ■ Noelia cree que a Chema le gusta Rosita.
7. ■ Chema le regala a Noelia un casco.
8. ■ A Noelia le encanta el regalo de Chema.

5 2 TR. 43

Hören Sie sich nun den Dialog noch einmal an und lesen Sie den Text im Begleitheft mit. Was haben Chema und Rosita zusammen gemacht? Unterstreichen Sie diese Stellen im Text.
Wie gratuliert man auf Spanisch? Schreiben Sie den Ausdruck in die Sprechblase.

Herzlichen Glückwunsch!

6 TR. 44

Hören Sie sich auf der CD drei spanische Geburtstagslieder an und vervollständigen Sie die Liedtexte mit den fehlenden Wörtern.

1. ¡ ________________ feliz!, ¡cumpleaños feliz!
   te ________________ todos, ¡cumpleaños feliz!
2. Es un muchacho ________________ *(3 veces)*
   y ________________ lo será, y siempre lo será.
3. Feliz, feliz en tu ________________, amiguita que Dios te bendiga
   que reine la paz en tu día, ¡y que ________________ muchos más!

¡Feliz cumpleaños! – *Herzlichen Glückwunsch zum Geburtstag!*
excelente – *ausgezeichnet, toll*
siempre lo será – *er wird es immer sein*
que Dios te bendiga – *Gott segne dich*
que reine la paz – *Frieden möge herrschen*
¡Que cumplas muchos más! – *Lange sollst du leben!*

7 TR. 45

Hier sehen Sie einen gedeckten Tisch. Hören Sie sich die Wörter an und sprechen Sie sie nach.

8 TR. 46

Hören Sie sich folgende Speisen an und sprechen Sie sie nach. Schreiben Sie dann eine Speisekarte und ordnen Sie dazu die Speisen in die Kategorien Vorspeisen (**Entradas**), Fleisch und Fisch (**Carne y pescado**) und Nachtisch (**Postres**).

Almejas a la marinera – *Muscheln nach Seemannsart*
Arroz con leche – *Milchreis*
Consomé de pollo – *Hühnerkraftbrühe*
Cordero asado con patatas – *Lammbraten mit Kartoffeln*
Crema catalana – *Katalanische Creme*
Crema de espárragos – *Spargelcremesuppe*
Escalope de ternera – *Kalbsschnitzel*
Merluza a la cazuela – *Seehecht in der Kasserolle*

Gut zu wissen:
Bestimmte Arten der Zubereitung kommen in der spanischen Küche häufig vor: **al ajillo** *(mit Knoblauch)*, **a la romana** *(paniert)*, **a la plancha** *(vom Grill)*, **al horno** *(im Ofen gebacken)*, **asado** *(gebraten)*, **cocido** *(gekocht)*, **frito** *(frittiert)* etc.

Gut zu wissen:
Achten Sie darauf: Um über das Essen zu sprechen, wird das Verb **estar** verwendet: **Este gazpacho está muy rico.**

Fragewörter – Relativsätze

9

▶ § 36 Fragewörter

Das Fragewort **¿cuál?** (Pl.: **¿cuáles?**) bedeutet *welche/r/s?*:
Me gustaría tomar un vino blanco. ¿Cuál me recomienda?
(Ich würde gern einen Weißwein trinken. Welchen empfehlen Sie mir?)
Das Fragewort **¿qué?** kann auch *welche/r/s?* bedeuten, aber es begleitet immer ein Substantiv und ist unveränderlich:
¿Qué vino me recomienda? *(Welchen Wein empfehlen Sie mir?)*

2 TR. 47

Setzen Sie die Fragewörter in die richtigen Lücken und überprüfen Sie Ihre Lösungen mit Hilfe der CD.

1. De estos platos, ¿ ________ no te gustan?
2. ¿ ________ es tu plato favorito?
3. A ti, ¿ ________ postre te gusta más?

cuál
qué
cuáles

10

Vervollständigen Sie diese Minidialoge mit **cuál**, **cuáles** oder **qué**.

1. • ¿ ________ número de teléfono tienes?
   ○ ¿ ________ quieres: el número de casa o el de la oficina?
2. • Mira, éstos son mis primos.
   ○ ¿ ________?, ¿los de Madrid?
3 • ¿ ________ libros has comprado?
   ○ He comprado los libros que me dijiste.

11

▶ § 35 Relativpronomen

Der Kellner im Dialog sagt zu Noelia:
Tenemos un vino del Penedés <u>que está muy bueno</u>.
(Wir haben einen Wein aus dem Penedés, der sehr gut ist.)
Der unterstrichene Satz ist ein so genannter Relativsatz, der **vino** näher bestimmt. Das Relativpronomen **que** *(der, die, das)* verbindet hier die Sätze:
Tenemos un vino del Penedés. + El vino está muy bueno.

Gut zu wissen:
Wie Sie in der Übung sehen können, gilt das Relativpronomen **que** für männliche und weibliche Substantive, im Singular und Plural, als Objekt oder als Subjekt.

Bitte verbinden Sie die folgenden Sätze.

1. Rosita es una chica. Ella siempre está dispuesta a ayudar.
2. Chema y Rosita son dos compañeros de piso. Ellos se llevan muy bien.

12 2 TR. 48

Im Dialog dieser Lektion kommt eine für Sie neue Vergangenheitsform vor, das Indefinido. Hören Sie sich auf der CD zwei Sätze an, die die fehlenden Verbformen enthalten und ergänzen Sie damit die Konjugation der Verben auf **-ar**.

§ 16 Indefinido

yo	habl-**é**,	nosotros/as	aprovech-_____
tú	cont-**aste**	vosotros/as	compr-**asteis**
él, ella, usted	coment-_____	ellos/as, ustedes	ayud-**aron**

Gut zu wissen:
Bei den Verben auf **-ar** und **-ir** ist die erste Person Plural identisch (**-amos**, **-imos**) mit der Präsensform. Durch den Kontext wird aber immer klar, um welche Zeit es sich handelt.

Die Verben auf **-er** und **-ir** werden im Indefinido nach dem gleichen Muster konjugiert:

yo	com-**í**/viv-**í**
tú	com-**iste**/viv-**iste**
él, ella, usted	com-**ió**/viv-**ió**
nosotros, nosotras	com-**imos**/viv-**imos**
vosotros, vosotras	com-**isteis**/viv-**isteis**
ellos, ellas, ustedes	com-**ieron**/viv-**ieron**

13

Die Formen von **ser** und **ir** im Indefinido sind identisch und unregelmäßig. Um welches Verb es sich handelt, wird aus dem Zusammenhang klar:

§ 16 Indefinido

Yo fui a su casa ayer. *(Gestern ging ich zu ihm/ihr nach Hause.)*
El otro día no fuiste muy amable con tu abuela.
(Neulich warst du nicht sehr nett zu deiner Großmutter.)
Ustedes fueron ayer al teatro, ¿verdad?
(Gestern gingen/sind Sie ins Theater gegangen, oder?)

2 TR. 49

Setzen Sie die Verbformen in die richtigen Lücken und überprüfen Sie Ihre Lösungen mit Hilfe der CD.

fuisteis – fue – fuimos

Rosita _____________ una ayuda fantástica.

Rosita y yo _____________ a buscar un regalo para una amiga.

Rosita y tú _____________ juntos de compras, ¿verdad?

Gut zu wissen:
Einige wichtige Verben haben im Indefinido einen unregelmäßigen Stamm wie z. B. **hacer** ▸ **hic-** und **decir** ▸ **dij-**.

14

▸ § 16 Indefinido

Die Verben **tener** und **estar** haben im Indefinido unregelmäßige Stämme: **tener ▸ tuv-**, **estar ▸ estuv-**. Sehen Sie sich die Formen von **tener** an.

yo	**tuv**-e	nosotros, nosotras	**tuv**-imos
tú	**tuv**-iste	vosotros, vosotras	**tuv**-isteis
él, ella, usted	**tuv**-o	ellos, ellas, ustedes	**tuv**-ieron

2 TR. 50

Setzen Sie die Formen von **estar** in die richtigen Lücken und überprüfen Sie Ihre Lösungen mit Hilfe der CD.

estuvieron – estuvo – estuvimos – estuviste – estuve – estuvisteis

1. Rosita ______________ aquí el otro día.
2. Los chicos ______________ el otro día en un centro comercial.
3. Ayer Agustín y yo ______________ en casa de unos amigos; y vosotros, ¿dónde ______________?
4. Ayer ______________ en el nuevo museo de arte. Y tú, Chema, ¿dónde ______________?

15

Vervollständigen Sie die folgenden Sätze mit der passenden Form der angegebenen Verben im Indefinido.

1. El otro día *(nosotros/cenar)* ______________ en el restaurante Casa Pancho.
2. ¿Dónde *(estar)* ______________ ayer, Rosita?
3. Mi abuelo *(viajar)* ______________ a Cuba en el año 1930.
4. Y vosotras, ¿por qué no *(ir)* ______________ a la fiesta de cumpleaños?
5. ¿Qué te *(decir)* ______________ ayer los compañeros?
6. La abuela *(ver)* ______________ ayer la última película de Almodóvar.
7. ¿Qué *(hacer)* ______________ ustedes la semana pasada?
8. Vosotras no me *(decir)* ______________ eso.
9. Ellos *(conocerse)* ______________ el año pasado.
10. El otro día *(yo/tener)* ______________ que hablar seriamente con él.

16

Durch das Indefinido berichtet man über vergangene Ereignisse, die zu einem bestimmten Zeitpunkt bzw. Zeitraum erfolgt sind und keinen Bezug zum Zeitpunkt des Sprechens haben. Deshalb steht das Indefinido häufig in Verbindung mit folgenden Zeitangaben: **el otro día** *(neulich)*, **ayer** *(gestern)*, **la semana pasada** *(letzte Woche)*, **el mes pasado** *(letzten Monat)*, **el año pasado** *(letztes Jahr)*, **en 1970** *(1970)*.

▶ § 16 Indefinido

Gut zu wissen:

Das Indefinido wird in einigen Regionen Spaniens und in den meisten Ländern Lateinamerikas anstelle des Perfekts benutzt: **¿Adónde fuiste hoy?** statt **¿Adónde has ido hoy?**

2 TR. 51

Hören Sie sich folgende Sätze an und setzen Sie die Zeitangaben in die richtigen Lücken.

el otro día – ayer – el año pasado – el sábado por la noche

1. Mi familia y yo estuvimos en Sevilla ______________________.
2. ¿No fuiste al cine ______________________?
3. ______________ vi a doña Amparo paseando con sus amigas.
4. ____________ no cenaron en casa; fueron al restaurante de Pancho.

17

2 TR. 52

Hören Sie sich den Dialog zwischen Rosita und einer Freundin an und bringen Sie die Bilder in eine chronologische Reihenfolge. Nummerieren Sie die Bilder entsprechend von 1 – 6.

Rollenspiel: Im Restaurant – Interkulturelles: Im Restaurant in Spanien

18

Agustín ist heute auf Geschäftsreise in Barcelona und isst im Restaurant. Hören Sie sich den Dialog zwischen Agustín und dem Kellner an.

Übernehmen Sie die Rolle von Agustín und bestellen Sie, was Sie gerne essen möchten.

Camarero: ¡Buenas tardes, señor!
Sie erwidern den Gruß und fragen, was es heute für ein Menü gibt:

____

Camarero: Pues de primero tenemos crema de espárragos, gazpacho y ensalada mixta y, de segundo, cordero asado con patatas, merluza a la cazuela y escalope de ternera.
Sie bestellen, was Sie gerne möchten:

____

Camarero: Muy bien. ¿Y para beber?
Sie bestellen etwas zum Trinken: ____________________
Camarero: Enseguida.
Sie bedanken sich: ____________________
- – -
Camarero: ¿Qué tal la merluza?
Sie sagen, ob es Ihnen schmeckt: ____________________
Camarero: ¿Desea tomar algo de postre? Hay fruta del tiempo, helado, flan, yogur, queso, arroz con leche, …
Sie bestellen einen Nachtisch: ____________________
Camarero: Muy bien.
- – -
Camarero: ¿Desea algo más?
Sie bestellen einen Kaffee und bitten um die Rechnung:

____

Interkulturelles

19

Essen und Essengehen haben in Spanien eine besondere soziale und kommunikative Funktion. Beim Essen wird sogar Geschäftliches besprochen. All dies verleiht den Restaurants eine besonders lebhafte Stimmung. Gewöhnlich zahlt einer die Rechnung für alle, wobei es unter jungen Leuten auch vorkommt, dass jeder selbst zahlt.
Beim Trinkgeld (**la propina**) wird der Betrag aufgerundet. Nur wenn der Service ganz besonders zuvorkommend war, gibt man vielleicht etwas mehr Trinkgeld als sonst. Das Trinkgeld wird nach dem Bezahlen auf dem Tellerchen liegen gelassen, auf dem gewöhnlich der Kellner das Wechselgeld bringt, oder einfach auf dem Tisch.

Richtig reagieren

1

Verbinden Sie die spanischen Sätze rechts mit den entsprechenden Umschreibungen links.

1. *über das Essen sprechen*
2. *jemandem gratulieren*
3. *ein Geschenk überreichen*
4. *einen Rat geben*
5. *um einen Gefallen bitten*

a. ¿Puedes ayudarme en la cocina?
b. Este regalo es para ti.
c. Tienes que beber más agua.
d. ¡Muchas felicidades, hija!
e. La paella está muy rica.

2

2 TR. 54

Verbinden Sie die Sätze links mit den passenden Reaktionen rechts und überprüfen Sie Ihre Lösungen mit Hilfe der CD.

1. ¿Qué te gustaría hacer el día de tu cumpleaños?
2. ¿Qué hicisteis el domingo pasado?
3. ¿Adónde preferís ir los sábados por la noche?
4. Os hemos traído algo de Salamanca.
5. ¿Desea tomar alguna cosa de postre?

a. La verdad es que todavía no lo he pensado.
b. ¿Tienen crema catalana?
c. Pero, ¿por qué os habéis molestado?
d. Estuvimos cenando en casa de unos amigos.
e. Yo al cine, pero a mi mujer le gusta más ir a bailar.

Fragen beanworten – Das Aussehen beschreiben

3

Lesen Sie die Fragen und markieren Sie die Antwort bzw. Antworten, die auf Sie zutreffen.

1. ¿Qué hace después del trabajo?
   a. ■ Me gusta leer el periódico / un libro.
   b. ■ Veo la televisión.
   c. ■ Hago deporte.
   d. ■ Salgo con los amigos.

2. ¿Cómo se siente hoy?
   a. ■ ¡Estupendamente!
   b. ■ Bastante bien.
   c. ■ No muy bien.
   d. ■ Mal.

3. ¿A qué país le gustaría viajar?
   a. ■ A Perú.
   b. ■ A México.
   c. ■ A Chile.
   d. ■ A Cuba.

4

Setzen Sie die Verben in die richtigen Lücken.

tiene – lleva – es

Ella ______ morena, ______ los ojos negros y ______ gafas.

Erinnern Sie sich noch, wie man das Aussehen beschreibt?
Die Verben **ser** und **tener** werden für dauerhafte und charakteristische Merkmale benutzt: **es rubio** *(er ist blond)*, **tiene los ojos azules** *(er / sie hat blaue Augen)*.
Für vorübergehende und veränderliche Merkmale wird das Verb **llevar** benutzt: **lleva bigote** *(er hat einen Schnurrbart)*, **lleva el pelo corto** *(er / sie trägt die Haare kurz)*.

2 TR. 55

Hören Sie sich nun den Dialog zwischen Chema und Jordi an, in dem sie sich über das Aussehen einer Freundin von Jordi unterhalten. Und Sie, wie sehen Sie aus? Beschreiben Sie Ihr Aussehen. Sie können den Dialog als Hilfe mehrmals hören. Im Begleitheft stehen Lösungsvorschläge.

5

Erinnern Sie sich an die Form **estar** + Gerundium? Wenn nicht, wiederholen Sie das entsprechende Kapitel in der Grammatik.

▸ § 18 Gerundium

Vervollständigen Sie folgende Sätze, indem Sie die entsprechende Form **estar** + Gerundium in die Lücken eintragen.

1. Los chicos *(estudiar)* ______________________ en la biblioteca.
2. ¿Qué *(beber)* ______________________ ustedes?
3. Y vosotras, ¿dónde *(vivir)* ______________________ ahora?
4. Perdone, ¿*(esperar)* ______________________ usted al autobús?
5. Rosita y yo *(hacer)* ______________________ una tortilla.
6. ¿*(leer)* ______________________ este libro, Jordi?
7. Yo no te *(decir)* ______________________ eso.
8. La abuela *(dormir)* ______________________ la siesta.

6

Was machen diese Leute gerade? Sehen Sie sich die Bilder an und vervollständigen Sie die Sätze mit der Form **estar** + Gerundium.

1. Agustín ______________ con unos colegas en la cantina.
2. Las chicas ______________ de sus problemas de salud.
3. Noelia y Chema ______________ en un restaurante.

7

Verbinden Sie die folgenden Sätze mit dem Relativpronomen **que**.

▸ § 35 Relativpronomen

1. Salamanca es una ciudad. La ciudad de Salamanca me gusta.
2. Rosita tiene muchos amigos. Sus amigos trabajan en el museo.

*Der Vergleich – Die unpersönliche Form **se** – Adverb vs. Adjektiv*

8

▶ § 10 Vergleich

Gut zu wissen:
Achten Sie bitte auf die unregelmäßigen Vergleichsformen:
mejor (◂ **bueno / -a**)
peor (◂ **malo / -a**)

Wissen Sie noch, wie man auf Spanisch Vergleiche anstellt? Wenn Sie sich nicht mehr sicher sind, sehen Sie in der Grammatik nach.

Welches Wort fehlt in diesen Sätzen? Setzen Sie die Wörter in die richtigen Lücken.

tanto – tan – mejor – más – tantos – como – tantas – más

1. Chema tiene ________ trabajo como Jordi.
2. Ese restaurante es ________ caro como Casa Pancho.
3. Rosita se siente hoy ________ que ayer.
4. Agustín trabaja ________ horas que su secretaria.
5. El cordero está ________ rico que el pollo asado.
6. Ella tiene ________ problemas como tú.
7. Tu coche no es tan rápido ________ el mío.
8. Aquí hay ________ tapas como en el bar de Paco.

9

▶ § 22 Unpersönliche Form **se**

Wandeln Sie die folgenden Sätze um, indem Sie die unpersönliche Form **se** verwenden.

1. En este restaurante comes muy bien por muy poco dinero.
2. En Madrid puedes hacer muchas cosas interesantes.

10

▶ § 6 Adjektiv

▶ § 9 Adverb

Vervollständigen Sie die folgenden Sätze, indem Sie das Adverb **bien** oder das Adjektiv **buen(o) / -a / -os / -as** einsetzen.

1. Casa Pancho es un ________________ restaurante.
2. ¿Os lleváis ________________ con el jefe?
3. Noelia es una ________________ estudiante.
4. No me parece ________________ eso que estás haciendo.
5. Los vinos de aquí son muy ________________.

11

Jede angegebene Form in diesen drei Tabellen muss in den anderen beiden Zeiten eingetragen werden. Steht z. B. in der ersten Zeile **soy**, dann müssen Sie in den anderen zwei Tabellen ebenso in der ersten Zeile die Form im Perfekt und Indefinido von **ser** eintragen und zwar auch in der gleichen Person *(erste, zweite, …)*.

§ 14 Unregelmäßige Verben
§ 15 Perfekt
§ 16 Indefinido

Präsens	Perfekt	Indefinido
soy		
	has tenido	
		hizo
estamos		
	habéis ido	
		dijeron

12

Wiederholen Sie den Unterschied zwischen Perfekt und Indefinido:

§ 15 Perfekt
§ 16 Indefinido

Das Perfekt wird verwendet, um Handlungen und Ereignisse auszudrücken, die vom Sprecher in einem engen Bezug zum Sprechzeitpunkt gesehen werden.

Das Indefinido wird verwendet, um Handlungen und Ereignisse auszudrücken, die keinen Bezug zum Zeitpunkt des Sprechens haben.

Vervollständigen Sie die folgenden Sätze, indem Sie die angegebenen Verben in die entsprechende Zeit (Perfekt oder Indefinido) setzen und in die Lücken schreiben.

1. El año pasado Jordi *(hacer)* ________________ unas prácticas en Barcelona.
2. Rosita y yo no *(poder)* ________________ ir esta semana a la piscina.
3. Rosita *(ir)* ________________ al médico la semana pasada.
4. ¿Tú *(estar)* ________________ alguna vez en Salamanca?
5. Yo sólo la *(ver)* ________________ un par de veces.
6. Noelia y Chema *(cenar)* ________________ el otro día en un restaurante.
7. Yo no *(hablar)* ________________ con ella todavía.
8. Nosotros lo *(conocer)* ________________ en Barcelona en 1995.

Essen und Getränke – Den Tisch decken

13

Was ist hier gemeint? Versuchen Sie, in diesen Buchstabenschlangen den Begriff für die Umschreibungen zu finden und zu markieren.

1. Algo que puede ser de naranja, de manzana, de plátano, … :

   botrefreszumocomostelevino

2. Un postre que puede ser de chocolate, de fresa, de nata, … :

   flaramelgurotagurheladotaso

3. Algo muy español que hay en muchos bares:

   canapisalbonditortillamatisol

4. Algo que se toma como tapa:

   quesimanaceitunasoranpanos

5. Una sopa fría:

   pescadigazpachogallecalgoto

14

Um den Tisch zu decken, braucht man diese Gegenstände. Wie heißen sie auf Spanisch?

15

Ordnen Sie die Begriffe rechts den entsprechenden Bildern links zu.

1. 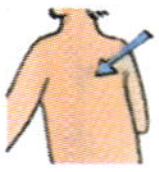
2. 
3. 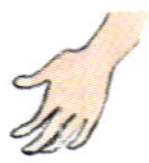

a. los ojos

b. la mano

c. la espalda

16

Lesen Sie die Fragen und kreuzen Sie die richtige Antwort an.

1. Was ist **la propina**?
   a. ▪ Die Rechnung.
   b. ▪ Das Rückgeld.
   c. ▪ Das Trinkgeld.

2. Mexikanische **tortillas** sind
   a. ▪ aus Maismehl.
   b. ▪ aus Kartoffeln.
   c. ▪ aus Kartoffeln und Eiern.

17

Vervollständigen Sie die Postkarte, die Rosita an ihre Freundin schreibt.

¡Hola, Juanita!

¿Cómo estás? Ya ________ he adaptado a todo aquí: a la ciudad, al trabajo, al piso, … ¡y a la comida española!

En España ________ desayuna muy ________. Yo ahora tomo sólo un café y un cruasán; a ________, incluso, no desayuno nada.

La semana pasada ________ en Salamanca, la ciudad ________ te gusta tanto. ________ con unos amigos y nos divertimos mucho.

Hoy no he ido al museo porque no me ________ bien. El ________ me ha dicho que tengo que trabajar ________.

Un saludo, Rosita

Wortbindung – Den Tagesablauf beschreiben

18

In der spanischen Sprache werden die Wörter innerhalb des Satzes verbunden. Diese Bindung findet vor allem statt, wenn ein Wort mit Vokal endet und das nächste auch mit Vokal beginnt:

2 TR. 56 Hören Sie sich die folgenden Sätze an und achten Sie dabei auf die jeweiligen Wortbindungen. Sprechen Sie die Sätze nach.

Por las mañanas se levanta pronto par**a**‿**i**r al museo
y s**e**‿**a**cuesta siempre muy tarde.

Traig**o**‿**u**na botella de tinto **y**‿**u**na de cerveza, ¿vale?

El otro día os v**i**‿**a** los dos en el Centro Comercial San Isidro.

Wenn zwei oder drei gleiche Vokale aufeinander folgen, werden sie wie einer ausgesprochen, allerdings ein wenig länger:

2 TR. 57 Hören Sie sich folgende zwei Sätze an und sprechen Sie sie nach.

Ella me dij**o**‿**o**tra cosa.

Siempr**e**‿**e**stá dispuest**a**‿**a**‿**a**yudar.

19

2 TR. 58

Diese Bilder sind durcheinander geraten. Hören Sie sich auf der CD an, wie der junge Mann seinen Tagesablauf beschreibt, und bringen Sie die Bilder in die chronologische Reihenfolge, indem Sie sie von 1–6 nummerieren.

Das Wetter – Gefühle und Stimmungen beschreiben

1 2 TR. 59

Wie ist das Wetter in Lateinamerika? Hören Sie sich die Ausdrücke auf der CD an. Können Sie die Bedeutungen dieser Ausdrücke mit Hilfe des Bilds erraten? Vergleichen Sie Ihre Vermutungen mit den Übersetzungen unten.

1. *Es ist heiß.* – 2. *Die Temperatur ist angenehm.* – 3. *Es ist sonnig.* – 4. *Es ist neblig.* – 5. *Es regnet viel.* – 6. *Es ist windig.* – 7. *Das Wetter ist schön.* – 8. *Es schneit.* – 9. *Es ist bewölkt.* – 10. *Es ist sehr kalt.*

Gut zu wissen:
Beachten Sie: Viele Wetterausdrücke werden mit dem Verb **hacer** gebildet: **hace buen / mal tiempo, hace sol / calor / frío / viento.**

2 2 TR. 60

Hören Sie sich auf der CD an, welche Gefühle und Stimmungen diese Personen haben. Ordnen Sie dann die Ausdrücke den entsprechenden Bildern zu. Die Übersetzungen finden Sie im Wortschatzfeld rechts.

1. 
2. 
3. 
4. 
5. 
6. 
7. 

a. Está contenta. – b. Está preocupada. – c. Está enfadado. – d. Está enfermo. – e. Está aburrido. – f. Está triste. – g. Está agotada.

Gut zu wissen:
Um vorübergehende Gefühle und Stimmungen auszudrücken, wird das Verb **estar** verwendet: **estar bien / nervioso / cansado.**

preocupado / a – *besorgt*
aburrido / a – *gelangweilt*
enfadado / a – *verärgert*
triste – *traurig*
enfermo / a – *krank*
agotado / a – *erschöpft*
contento / a – *froh*

Noelia kommt nach Hause

3

2 TR. 61

Nach dem Abendessen mit Chema kommt Noelia erst spät abends nach Hause. Ihre Mutter schimpft mit ihr. Kurz darauf kommt auch die Großmutter heim. Sehen Sie sich die Bilder an und hören Sie sich den Dialog mehrmals an.

4

2 TR. 61

Hören Sie sich den gesamten Dialog noch einmal an und beantworten Sie die Fragen, indem Sie die richtigen Lösungen ankreuzen.

1. ¿A qué hora llega a casa Noelia?
   a. ■ A las doce de la noche.
   b. ■ A la una.
   c. ■ A las dos.

2. ¿Cómo fue la cena con Chema?
   a. ■ Fue una cena estupenda.
   b. ■ Fue una cena interesante.
   c. ■ Fue una cena aburrida.

3. ¿Qué le parece a Charo el regalo de Chema?
   a. ■ Muy práctico.
   b. ■ Muy bonito.
   c. ■ Poco romántico.

4. Charo está …
   a. ■ muy preocupada porque la abuela no ha llegado todavía.
   b. ■ enfadada porque la abuela no ha llamado.
   c. ■ nerviosa porque no sabe a quién llamar.

5. ¿Qué hizo la abuela por la noche?
   a. ■ Fue a dar un paseo con Noelia.
   b. ■ Fue a cenar a un restaurante.
   c. ■ Estuvo con las amigas tomando algo.

5 2 TR. 62

Hören Sie sich folgende Sätze auf der CD an und sprechen Sie sie nach. Lesen Sie dann die Übersetzungen.

1. El restaurante era precioso.
2. La comida estaba muy buena.
3. Es una broma.
4. No sé si llamar a la policía.
5. ¡Es un chico majísimo!
6. Yo era una chica muy bonita.

a. *Das Restaurant war wunderschön.*
b. *Das Essen war sehr lecker.*
c. *War nur ein Scherz.*
d. *Ich weiß nicht, ob (ich) die Polizei anrufen (soll).*
e. *Er ist ein sehr netter Junge!*
f. *Ich war ein sehr schönes Mädchen.*

6 2 TR. 61

Hören Sie sich den Dialog noch einmal an und lesen Sie den Text im Begleitheft mit. Welcher Ausdruck wird im Dialog für „o.k." benutzt? Schreiben Sie ihn in die Sprechblase.

Wenn Sie möchten, können Sie sich nun die Übersetzung des Dialogs im Begleitheft durchlesen.

7 2 TR. 63

Hören Sie sich auf der CD die Jahreszeiten und die dazu gehörenden Monate an. Ordnen Sie sie dann den passenden Bildern zu. Nun können Sie sie sich noch einmal anhören und nachsprechen.

1.

2.

3.

4.

Gut zu wissen:
Achten Sie darauf: Die Monate werden im Spanischen immer klein geschrieben.

- ■ a. invierno: enero, febrero, marzo
- ■ b. verano: julio, agosto, septiembre
- ■ c. primavera: abril, mayo, junio
- ■ d. otoño: octubre, noviembre, diciembre

Die Endung ***-ísimo*** *– Unbestimmte Pronomen*

8

▸ § 11 Steigerung

Gut zu wissen:
Die Endungen **-ísimo/-a/-os/-as** tragen immer einen Akzent auf dem ersten **i**.

Sehen Sie sich folgenden Satz an: **El restaurante estaba <u>llenísimo</u>.**
(Das Restaurant war sehr/äußerst voll.)

Die Endung **-ísimo** wird an Adjektive angehängt und drückt den sehr hohen Grad aus. Sie ist veränderlich wie andere Adjektive auf **-o**.
Bei Adjektiven, die auf Konsonant enden, wird direkt **-ísimo** angehängt:
muy fácil ▸ facilísimo

Bei Adjektiven, die auf Vokal enden, wird **-ísimo** anstelle des Endvokals angefügt: **muy caro ▸ carísimo** **muy grande ▸ grandísimo**

2 TR. 64

Gut zu wissen:
Bei einigen Adjektiven ändert sich die Schreibweise, damit die Aussprache erhalten bleibt:
muy largo ▸ larguísimo
muy rico ▸ riquísimo

Hören Sie sich folgende Sätze auf der CD an und schreiben Sie die fehlenden Adjektive in die Lücken.

1. ¡Estábamos ________________!
2. ¡Es un chico ________________!
3. Cuando tenía tu edad, tenía ________________ novios.

9

Wie würden Sie folgende Ausdrücke zu einem Wort umformulieren?
(w = weiblich; m = männlich)

1. muy barato – 2. muy cansada – 3. muy elegante *(w)* – 4. muy fácil *(m)*

10

▸ § 32 Unbestimmte Pronomen

Cuando tenía tu edad, tenía muchos novios, ¡muchísimos!:
<u>uno</u> para el lunes, otro para el martes, otro para el ...
Das Pronomen **uno** *(einer, eines)* entspricht dem unbestimmten Artikel **un** ohne Substantiv. Die anderen Formen (weiblich, Singular und Plural) lernen Sie in der folgenden Übung.

2 TR. 65

Hören Sie sich die Sätze an und ergänzen Sie die fehlenden Formen.

1. No tengo aspirinas. ¿Tienes tú ______?
2. Yo siempre llevo gemelos. Ayer me regalaron ______ de oro.
3. Yo no necesito botas de montaña. Ya tengo ______.

11

▸ § 8 Verkleinerung

Verkleinerungsformen sind im Spanischen als Koseformen sehr beliebt und werden durch Anhängen der Endung **-ito / -ita** gebildet:
¿Nos pones una ración de chopitos (< chopo)?

Bei Wörtern auf **-e** oder auf Konsonant wird die Endung **-cito / -cita** benutzt:
¿Tomamos un cafecito (< café) aquí?

Beachten Sie eventuelle Akzentänderungen (siehe letztes Beispiel)!
Bei Wörtern, die **-z-** oder **-c-** in der letzten Silbe haben, kommt es zu folgenden orthographischen Änderungen: **-z- ▸ -c- und -c- ▸ -qu-**.

Gut zu wissen:
In Mittelamerika, aber auch in anderen Teilen Lateinamerikas werden die Verkleinerungsformen sehr häufig verwendet. Ein Beispiel ist der Name **Rosita** (◂ **Rosa**).

Versuchen Sie nun, diese Regel selbst anzuwenden, und schreiben Sie die Verkleinerungsformen der unterstrichenen Wörter auf.

1. Nos hemos sentado en una terraza a tomar algo. __________
2. Tienes un poco de fiebre. __________

12

▸ § 31 Direktes Objekt

Die Präposition **a** steht vor dem direkten Objekt, wenn es sich um Personen bzw. Gruppen von Personen handelt. Vergleichen Sie:

¿Has visto a la abuela? **¿Has visto la película?**
No sé si llamar a la policía.

Dies gilt auch für Pronomen, die sich auf Personen beziehen, wie **quién**, **alguien** *(jemand)*, **nadie**:

¿Habéis conocido a alguien en Salamanca?

Ergänzen Sie die Präposition **a**, wo es notwendig ist.

1. ¿Conoces __ la mujer de Agustín?
2. ¿__ quién has llamado?
3. ¿Ve usted __ la farmacia allí enfrente?

Bei **buscar** und **necesitar** + Berufsbezeichnung entfällt die Präposition **a**:
La empresa busca una secretaria.
Ebenso beim Verb **tener** + unbestimmter Artikel **un / una / unos / unas**:
Yo tengo una hermana.

Das Imperfekt

13

▸ § 17 Imperfekt

Im Hauptdialog dieser Lektion kommt eine neue Vergangenheitsform vor, das **Imperfecto** *(Imperfekt)*:
Cuando tenía tu edad, yo era una chica muy bonita y me encantaba ir a bailar a las verbenas y tenía muchos novios, . . .

2 TR. 66 Hören und sehen Sie sich die regelmäßigen Imperfekt-Formen der Verben auf **-ar** am Beispiel von **estar** an.

yo	est**aba**	nosotros/-as	est**ábamos**
tú	est**abas**	vosotros/-as	est**abais**
él/ella/usted	est**aba**	ellos/-as, ustedes	est**aban**

2 TR. 67

Versuchen Sie nun, die regelmäßigen Formen der Verben auf **-er** zu ergänzen, und überprüfen Sie Ihre Lösungen mit Hilfe der CD.

yo	ten**ía**	nosotros/-as	________
tú	ten**ías**	vosotros/-as	ten**íais**
él/ella/usted	________	ellos/-as, ustedes	ten**ían**

Gut zu wissen:
Das Imperfekt von **hay** *(es gibt)* lautet **había.**

Die Verben auf **-ir** werden wie die Verben auf **-er** konjugiert.
Es gibt drei unregelmäßige Verben im Imperfekt: **ser**, **ver**, **ir**.

ser: era, eras, era, éramos, erais, eran
ver: veía, veías, veía, veíamos, veíais, veían
ir: iba, ibas, iba, íbamos, ibais, iban

14

cambiar – *sich ändern*
antes – *früher*
cuando – *als*
el vídeo – *Videorekorder*
hoy en día – *heutzutage*
numeroso/a – *zahlreich*
fuera de – *außer*

Doña Amparo erzählt hier, wie das Leben war, als sie jung war. Vervollständigen Sie die Sätze mit der entsprechenden Form im Imperfekt.

¡Cómo ha cambiado todo! Antes, cuando yo *(ser)* ________ joven, no *(haber)* ________ ordenadores, ni horno microondas. La gente no *(ver)* ________ películas en vídeo, iba al cine, aunque no se *(salir)* ________ a cenar como hoy en día; se *(cenar)* ________ en casa. Las familias *(ser)* ________ muy numerosas y muy pocas mujeres *(trabajar)* ________ fuera de casa. Los chicos y las chicas no *(ir)* ________ a bailar a la discoteca, sino a la verbena. Mucha gente no *(tener)* ________ coche.

15

§ 17 Imperfekt

Das Imperfekt wird verwendet:

a) Um einen Zustand oder eine Situation in der Vergangenheit zu beschreiben, z. B.: **¡<u>Estábamos</u> preocupadísimas!**
El restaurante <u>era</u> precioso y la comida <u>estaba</u> muy buena.

b) Um wiederholte Handlungen und Gewohnheiten in der Vergangenheit zu beschreiben: **Cuando tenía tu edad, <u>iba</u> a bailar a las verbenas.**

Funktion **a** oder **b**? Schreiben Sie den richtigen Buchstaben auf.

1. Cuando tenías mi edad, ¿qué hacías los fines de semana? ____

2. En Salamanca hacía muy buen tiempo. ____

Weiterhin dient das Imperfekt zur Beschreibung einer Situation, die den Hintergrund für eine neu eintretende Handlung bildet (die neue Handlung steht dann im Indefinido oder Perfekt):
... Y como la temperatura <u>era</u> tan agradable, nos hemos sentado en una terracita de la plaza a tomar algo.

16

Wie war es, als Sie klein waren? Beantworten Sie folgende Fragen schriftlich. Im Begleitheft stehen Antwortvorschläge.

1. ¿Dónde vivía?
2. ¿Dónde pasaba los veranos?
3. ¿Le gustaba ir al colegio?
4. ¿Dónde jugaba con sus amigos / amigas?
5. ¿Qué no le gustaba hacer cuando era niño?
6. ¿Qué hacía los fines de semana?

Gut zu wissen:
Das Imperfekt verwendet man auch, um über seine Kindheit zu erzählen: **cuando tenía seis años ..., cuando era pequeño / -a / joven ..., de niño / -a ...** *(als Kind ...).*

17

2 TR. 68

Eva und María unterhalten sich über ihr früheres Studentenleben. Hören Sie sich den Dialog an. Welche der folgenden Aussagen treffen auf Eva, auf María oder auf beide zu? Kreuzen Sie an.

		Eva	María
1.	Iba a la universidad por la mañana.		
2.	Tenía que trabajar tres días a la semana.		
3.	Vivía cerca de la universidad.		
4.	Vivía con su familia.		
5.	Ella y sus compañeras hacían muchas fiestas.		
6.	Tenía un novio que estudiaba en Barcelona.		
7.	A ella y a sus amigas les gustaba un compañero.		

Das Wetter in Spanien – Interkulturelles: Die ***movida***

18

2 TR. 69

Hören Sie sich die Unterhaltung über eine Reise durch Spanien an. Welche Regionen Spaniens werden in Verbindung mit den Wetter-Illustrationen erwähnt? Schreiben Sie die entsprechenden Zahlen zu den Bildern.

A

B

C

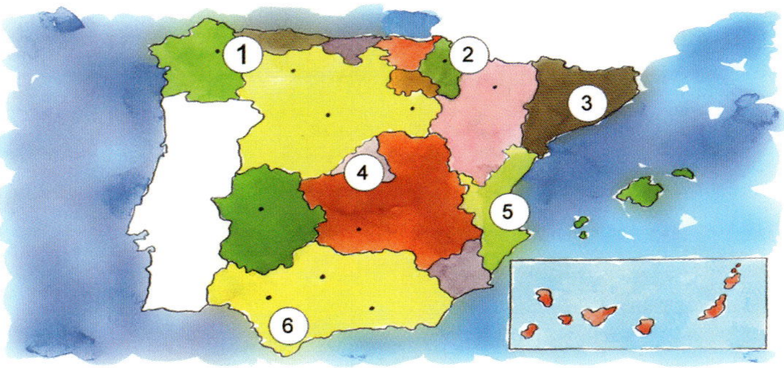

D

E

F

19

Die **movida** hat ihren Ursprung in der Zeit der **transición** (dem Übergang von der Diktatur zur Demokratie nach dem Tod Francos 1975) und war eine Bewegung, die eine Überschreitung alter Tabus und den Aufbruch in eine neue Zeit einleitete. Sie zeigte neue Wege auf und führte Spanien mit frischen Ideen und enormem künstlerischen Potential voran. Die **movida** – ein Begriff, der die neue Lebenslust und Kultur ausdrückt – verlagerte sich stark in Richtung Nachtleben.

Das Nachtleben in Spanien beginnt meistens spät und endet in den frühen Morgenstunden oder sogar am nächsten Vormittag. Man fängt auf den **terrazas** an, besonders im Sommer, wo sich Freunde und auch Familien aufhalten.

Die Jugendlichen beginnen das Nachtleben lieber später und ziehen von einer Bar in die nächste. Gerne werden auch Lokale mit Live-Musik besucht. Dabei werden gewöhnlich beträchtliche Mengen Alkohol konsumiert. Dann gehen einige in die Disko, womit man den „Abend" (vielleicht gegen 5 Uhr!) abschließt.

Diejenigen, die mehr Ausdauer haben, halten durch, bis es hell wird, und begrüßen den neuen Tag in einem Café bei **churros con chocolate** *(frittiertes Spritzgebäck mit Schokolade).*

Interkulturelles

1 2 TR. 70

In den folgenden Kurzdialogen geht es um mexikanische Gerichte. Hören Sie sich die Dialoge an und konzentrieren Sie sich zunächst darauf, die angegebenen Namen der Gerichte herauszuhören. Sehen Sie sich dann die Erklärungen der Gerichte unten an. Hören Sie sich die Dialoge noch einmal an und versuchen Sie, auch die einzelnen Wörter der Definitionen zu erkennen.

1. pollo con mole
2. quesadilla
3. enchilada
4. chile con carne
5. pozole
6. burrito

Mole: *Soße mit Chili, verschiedenen Gewürzen, Erdnüssen und Schokolade*
Quesadilla: *Maispfannkuchen gefüllt mit Käse oder anderen Zutaten*
Enchilada: *Zusammengerollter Maispfannkuchen gefüllt mit Fleisch und mit Chilisoße bedeckt*
Chile con carne: *Typisches Tex-Mex-Gericht mit Chili, Fleisch und Bohnen*
Pozole: *Gericht aus Mais, Fleisch und Chili*
Burrito: *Zusammengerollter Pfannkuchen aus Weizenmehl gefüllt mit Fleisch oder Hähnchen, Bohnen, Reis und anderen Zutaten*

Gut zu wissen:
Der Begriff **Tex-Mex** deutet auf die Vermischung der Essgewohnheiten von Texas und Mexiko hin, bedingt durch die ständigen Ein- und Auswanderungen zwischen beiden Gebieten.

2 2 TR. 71

Hören Sie sich folgende Ausdrücke der Überraschung auf der CD an und sprechen Sie sie nach. Können Sie die entsprechende Übersetzung für jeden Ausdruck finden?

1. ¡Qué sorpresa!	a. *Wie schnell seid ihr angekommen!*
2. ¡Qué tarde es!	b. *Ich glaube, ich träume!*
3. No me lo puedo creer.	c. *Wie spät es ist!*
4. ¿De verdad?	d. *Sag bloß!*
5. ¡No me digas!	e. *Ach, ja?*
6. ¡Me parece que estoy soñando!	f. *Das kann nicht wahr sein!*
7. ¡Qué pronto habéis llegado!	g. *Das hätte ich nicht erwartet!*
8. ¡Esto sí que no me lo esperaba!	h. *Wirklich?*
9. ¿Ah, sí?	i. *Ich glaube es nicht!*
10. ¡No puede ser verdad!	j. *Was für eine Überraschung!*

Im mexikanischen Restaurant

3

2 TR. 12

Heute Abend gehen Herr und Frau Giménez essen. Sie wollen ein neues mexikanisches Restaurant ausprobieren. Dort erwartet sie eine Überraschung. Sehen Sie sich die Bilder an und hören Sie sich den Dialog mehrmals an.

4

2 TR. 12

Hören Sie sich den Dialog noch einmal an. Entscheiden Sie dann, ob die folgenden Aussagen richtig oder falsch sind.

		correcto	falso
1.	A Agustín no le gusta la decoración del restaurante.		
2.	Charo no sabe lo que son los burritos.		
3.	Agustín quiere hablar primero con el camarero.		
4.	Agustín y Charo estuvieron una vez en Thailandia.		
5.	Charo tiene mucha hambre.		
6.	Rosita comenta que viajar a México es muy caro.		
7.	Rosita trabaja en el restaurante todos los días.		
8.	Charo quiere cenar pollo con mole.		

5

CD 2, TR. 13

Hören Sie sich folgende Ausdrücke an und sprechen Sie sie nach. Können Sie die entsprechende Übersetzung für jeden Ausdruck finden?

1. ¡Qué bien decorado está este restaurante!
2. ¿Qué son burritos?
3. ¡Venga!, vamos a pedir.
4. ¡Vaya! ¡Pero si es Rosita!
5. ¡Qué sorpresa!
6. ¡Pensaba que trabajabas en un museo!
7. ¡Chocolate en una salsa y con pollo!
8. ¡Qué original!
9. ¿Qué tal si eliges tú?
10. ¡Pues sí … !

a. *Ich dachte, du arbeitest in einem Museum!*

b. *Was für eine Überraschung!*

c. *Wie originell!*

d. *Was sind denn* ***Burritos****?*

e. *Tja!*

f. *Schokolade in einer Soße und mit Hühnchen!*

g. *Wie schön ist dieses Restaurant eingerichtet!*

h. *Mensch! Das ist ja Rosita!*

i. *Komm jetzt, lass uns bestellen.*

j. *Wie wäre es, wenn du auswählst?*

6

CD 2, TR. 12

Hören Sie sich den Dialog an und lesen Sie den Text im Begleitheft mit. Rosita benutzt in dem Dialog ein neues Wort für „Geld". Können Sie es finden? Schreiben Sie es in die Sprechblase.

Unterstreichen Sie nun im Text im Begleitheft die Verben im Imperfekt. Sehen Sie sich dann die Übersetzung des gesamten Dialogs an.

Gut zu wissen:

Erinnern Sie sich daran? In den Ländern Lateinamerikas wird immer **ustedes** statt **vosotros** gebraucht. Deshalb sagt Rosita, obwohl sie Charo und Agustín duzt: **¿Les gusta la comida mexicana?** *(Mögt ihr mexikanisches Essen?)*

Unregelmäßige Formen im Indefinido

7

▸ § 16 Indefinido

Sehen Sie sich folgenden Satz von Charo aus dem Dialog an.
¿Recuerdas cuando pedimos sin saber qué eran las cosas?
(Weißt du noch, als wir bestellten, ohne zu wissen, was das war?)

Bei den Verben auf **-ir**, die im Präsens einen Vokalwechsel haben (z. B. **pedir** ▸ **yo pido**, **divertirse** ▸ **yo me divierto**), wechselt auch im Indefinido der Stammvokal immer von **e** zu **i**, aber nur in der 3. Person Singular und Plural.

Sehen Sie sich die Indefinido-Formen von **pedir** an.

yo	pedí	nosotros, nosotras	ped-**imos**
tú	ped-**iste**	vosotros, vosotras	ped-**isteis**
él, ella, usted	pid-**ió**	ellos, ellas, ustedes	pid-**ieron**

Versuchen Sie in der folgenden Übung, die Konjugation von **divertirse** nach dem Muster von **pedir** zu bilden. Schreiben Sie die fehlenden Formen in die Lücken.

yo	me divertí	nosotros/-as	nos divertimos
tú	te divertiste	vosotros/-as	os divertisteis
él, ella, usted	______________	ellos, ellas, ustedes	________________

8

▸ § 16 Indefinido

Im Dialog verwendet Agustín weitere unregelmäßigen Formen im Indefinido.
Tú no quisiste quedarte en el hotel y propusiste salir en busca de aventuras. *(Du wolltest nicht im Hotel bleiben und hast vorgeschlagen, auf Suche nach Abenteuern zu gehen.)*

Die Verben **querer** *(wollen)* und **proponer** *(vorschlagen)* haben im Indefinido einen unregelmäßigen Stamm:

querer ▸ quis- **proponer ▸ propus-**

Die Endungen sind wie beim Verb **hacer**, das Sie links in der Konjugationsbox finden.

Indefinido von **hacer**	
hice	hicimos
hiciste	hicisteis
hizo	hicieron

Versuchen Sie, die Indefinido-Formen von **querer** jeweils an die entsprechende Stelle in die Konjugationsbox links zu schreiben.

Indefinido von **querer**	
________	quisimos
quisiste	________
________	________

quisieron – quise – quiso – quisisteis

9

Wie Sie schon in der letzten Lektion erfahren haben, wird das Imperfekt auch dazu verwendet, um die Umstände bzw. den Hintergrund einer Haupthandlung zu schildern. Die Haupthandlung steht dann im Indefinido oder Perfekt.

▶ § 16 Indefinido
▶ § 17 Imperfekt

2 TR. 74

Achten Sie in dem folgenden Satz auf die jeweilige Zeit der Verben und den entsprechenden Kontext. Hören Sie sich den Satz auf der CD an und ergänzen Sie die fehlenden Verben.

Al principio __________ toda la semana, pero era demasiado para mí; entonces __________ pensar un poco más en mi salud.

Das Imperfekt steht häufig mit Angaben wie z.B. **antes** *(früher)*, **siempre**, **todos los días**, **mientras** *(während)*, usw.
Das Indefinido steht dagegen oft mit Angaben wie **entonces**, **de repente** *(plötzlich)*, **de pronto** *(auf einmal)*, **enseguida** *(sofort)*, **un día** *(eines Tages)*.

Gut zu wissen:
Das Imperfekt beantwortet die Frage: *Wie war es?*
Das Indefinido bzw. Perfekt beantwortet die Frage: *Was ist passiert?*

10

Dies ist die Kurzfassung der Legende über die zufällige Entstehung der mexikanischen Soße **Mole**. Sehen Sie sich die in Klammern angegebenen Verben im Indefinido und Imperfekt an und schreiben Sie die richtige Form in die Lücken. Zum Schluss können Sie die Übersetzung der Legende im Begleitheft lesen.

Un día el arzobispo de Puebla *(decidió / decidía)* __________ visitar uno de los conventos de la zona. Los monjes entonces *(comenzaron / comenzaban)* __________ a preparar la comida. Fray Pascual *(se puso / se ponía)* __________ a recoger los chiles, trozos de chocolate y las especias que *(hubo / había)* __________ por la cocina. Con las prisas *(tropezó / tropezaba)* __________ frente a la cazuela donde se *(estuvo / estaba)* __________ haciendo la comida. Poco después *(llegó / llegaba)* __________ el arzobispo. Cuando *(probó / probaba)* __________ la comida, *(exclamó / exclamaba)* __________: "¡Exquisito!"

Gut zu wissen:
Puebla ist die Hauptstadt des gleichnamigen Staates Puebla in Zentralmexiko.

Eine Bildergeschichte – Imperfekt vs. Indefinido

11

2 TR. 75

Hören Sie sich die Geschichte über Jordis Großvater an und bringen Sie die Bilder in die chronologische Reihenfolge, indem Sie sie entsprechend von 1-6 nummerieren.

12

§ 16 Indefinido

§ 17 Imperfekt

Hier ein Auszug aus Charos Tagebuch. Vervollständigen Sie den Text mit dem jeweiligen Verb im Indefinido oder Imperfekt. Denken Sie daran, dass Sie bei den Handlungen, die Charo und ihren Mann betreffen, die Verben in der ersten Person Plural (**nosotros**) konjugieren müssen.

aparecer – *erscheinen*
atender – *bedienen*
explicar – *erklären*
al final – *am Ende*
el guiso – *Gericht*

Ayer Agustín y yo *(ir)* __________ a cenar a un restaurante mexicano. *(haber)* __________ un ambiente muy agradable. Allí *(ver)* __________ a Rosita, nuestra vecina. *(estar)* __________ esperando al camarero, cuando de repente *(aparecer)* __________ ella para atendernos. ¡Qué sorpresa! Muy amablemente nos *(explicar)* __________ lo que *(ser)* __________ todo y nos *(ayudar)* __________ a elegir la cena. Al final *(tomar)* __________ pozole, un guiso que *(estar)* __________ riquísimo.

13

Finden Sie die Paare **Imperfecto – Indefinido** vom gleichen Verb und in der gleichen Person und schreiben Sie sie auf.

quería	propusiste	proponíamos	pedisteis
se divirtió	quise	pedíais	quisieron
proponías	se divertía	propusimos	querían

14

Verbinden Sie die Sätze auf der linken Seite mit den passenden Reaktionen rechts.

1. 

2. 

3. 

A 

B 

C 

15

2 TR. 76

Lesen Sie folgende Definitionen von mexikanischen Gerichten. Können Sie sie mit dem entsprechenden Gericht rechts verbinden? Überprüfen Sie dann Ihre Lösungen mit Hilfe der CD.

1. Es una tortilla de maíz rellena de carne y cubierta con salsa de chile.
2. Es un guiso de maíz con carne y chile.
3. Es un plato de carne, chile y frijoles.
4. Es una salsa hecha con chile, muchas especias, cacahuetes y chocolate.
5. Son tortillas de maíz rellenas de queso y muchas otras cosas.
6. Son tortillas de trigo enrolladas, rellenas de carne, pollo y otros ingredientes.

a. mole
b. burritos
c. pozole
d. quesadillas
e. enchilada
f. chile con carne

cubierto/a – *bedeckt*
el chile – *Chili*
el plato – *Gericht*
enrollado/a – *zusammengerollt*

Ein Rollenspiel – Interkulturelles: Der Mais

16 TR. 77

Charo erzählt ihrer Tochter Noelia über das Abendessen in dem mexikanischen Restaurant. Hören Sie sich den Dialog zwischen Charo und Noelia mehrmals an. Übernehmen Sie dann die Rolle von Charo und vervollständigen Sie den Dialog.

Sie erzählen, dass Sie gestern zum Abendessen in einem mexikanischen Restaurant waren, können sich aber an den Namen nicht erinnern: ______________________

____

Noelia: ¿Puebla?
Sie bestätigen, dass es so heißt: ______________________
Noelia: ¿Y qué tal?
Sie erzählen, wie es war und dass Sie jemanden getroffen haben: ______________________

____

Noelia: ¿A quién?
Sie haben Rosita, die Nachbarin, getroffen: ______________________
Noelia: Ah, sí, es verdad. Está trabajando allí de camarera, ¿no?
Sie fragen, warum Noelia das weiß: ______________________
Noelia: Porque me lo comentó el otro día.
Sie erzählen, dass Sie gerade auf den Kellner warteten, als plötzlich Rosita erschien, um Sie zu bedienen:

____

____

Noelia: Bueno, ¿y qué comisteis?
Sie erzählen, dass Sie ***Pozole*** *gegessen haben:* ______________________
Noelia: Po … ¿qué?
Sie erklären, was ***Pozole*** *ist, und sagen, wie es geschmeckt hat:* ______________________

____

____

Interkulturelles

17

Der Mais kam erst im 15. Jahrhundert mit der Entdeckung Amerikas nach Europa. Dieses Getreide war in Mittel- und Südamerika sehr verbreitet und stellte das wichtigste Nahrungsmittel der großen präkolumbinischen Zivilisationen dar:

- die **aztecas**: in Zentralmexiko
- die **mayas**: im Südosten Mexikos, Yucatán und Guatemala
- die **incas**: deren Gebiet umfasste Südkolumbien, Ecuador, Peru, Bolivien, den Nordwesten Argentiniens und einen großen Teil Chiles.

In Mexiko findet man 22 verschiedene Maissorten, die als Basis für die Produktion einer großen Zahl von Nahrungsmitteln dienen.

1 2 TR. 78

Sehen Sie sich die Bilder an. Welche Pläne bzw. Absichten haben diese Personen? Ordnen Sie die Sätze den entsprechenden Bildern zu und überprüfen Sie Ihre Lösungen mit Hilfe der CD.

1.

2.

3.

4.

5.

a. Mi mujer y yo pensamos salir a cenar esta noche. – b. El próximo verano quiero viajar a México. – c. Esta tarde pienso llamar por teléfono a mi madre. – d. Este fin de semana voy a ir al cine. – e. Mañana voy a dar un paseo con mis amigas.

Gut zu wissen:

Mit **querer / pensar / ir a** + Infinitiv werden Absichten ausgedrückt:
quiero ir al cine
pienso ir al cine
voy a ir al cine

2

Lesen Sie die Anzeige (**el anuncio**) einer spanischen Sprachschule. Sehen Sie sich dann die rechts angegebenen deutschen Begriffe an und versuchen Sie, die entsprechenden Wörter in der Anzeige zu finden und zu unterstreichen.

ENMADRID – Cursos de Español para Extranjeros

¡Aprende español en la capital de España!

Cursos durante todo el año de 2 semanas hasta 9 meses
10 tipos de cursos
Preparación para los Diplomas D.E.L.E. de inicial a superior
Máximo 10 estudiantes por clase
Material de clase incluido en la matrícula
Alojamiento: familias, apartamentos, residencia propia
Amplio programa de actividades: deportes, excursiones, visitas, …

ENMADRID – C/ Marqués de Cubas, 2 – 28014 Madrid
Información y reserva: Tel.: +34 915 245 765
Fax: +34 915 235 771
E-mail: cursos@enmadrid.es
http://www.enmadrid.com

Gut zu wissen:

D.E.L.E. steht für **Diploma de Español como Lengua Extranjera** *(Diplom für Spanisch als Fremdsprache)*. Dabei handelt es sich um staatliche Diplome, die das Niveau der Sprachkompetenz nachweisen.

Reservierung
Anmeldung
Kurs
Unterkunft

Doña Amparos Geheimnis

3
2 TR. 79

Die häufigen Eskapaden von Doña Amparo haben einen Grund. Während eines Familienessens teilt Doña Amparo ihrer Familie eine freudige Nachricht mit, und dabei kommt die Wahrheit ans Licht. Sehen Sie sich die Bilder an und hören Sie sich den Dialog an.

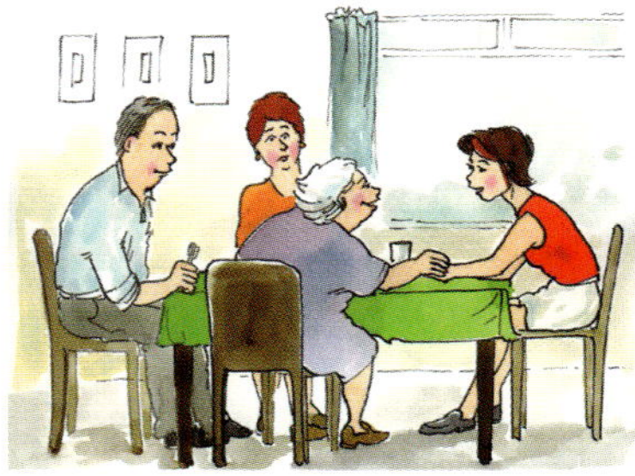

4
2 TR. 79

Hören Sie sich den Dialog noch einmal an und ordnen Sie dann die Aussagen der entsprechenden Person zu.

conseguir – *erreichen, finden*
ganado ◂ **ganar** – *gewinnen*
cogido ◂ **coger** – *nehmen*
las vacaciones – *Urlaub*
celebrar – *feiern*

1. 

2. 

- a. Ha comprado varias cosas en la perfumería.
- b. No sabe cómo conseguir el dinero.
- c. Piensa ahorrar un poco de dinero.
- d. Quiere hacer un curso de inglés.
- e. Ha ganado mucho dinero en el bingo.
- f. Va a hacer la reserva mañana.
- g. Ha cogido dinero del bolso de Charo.
- h. Quiere irse de vacaciones con las amigas.
- i. Propone celebrar el dinero ganado en el bingo.

5
2 TR. 80

Hören Sie sich die folgenden Sätze an und sprechen Sie sie nach.

generoso/a – *großzügig*
desaparecer – *verschwinden*

1. ¿No querías hacer un curso de inglés?
2. ¿Pero qué pasa que está tan generosa?
3. Ahora entiendo por qué me desaparecía dinero.
4. Quiero irme a Benidorm con mis amigas.
5. ¡Vamos a celebrar el bingo de la abuela!

6 (CD 2, TR. 79)

Hören Sie sich den Dialog noch einmal an und lesen Sie den Text im Begleitheft mit. Markieren Sie im Text die Pläne bzw. Absichten von Doña Amparo und Noelia.
Welches Wort benutzt Doña Amparo, um sich zu entschuldigen? Schreiben Sie es in die Sprechblase – es handelt sich um ein einzelnes Wort!

Wenn Sie möchten, können Sie zum Schluss die Übersetzung des Dialogs im Begleitheft lesen.

7 (CD 2, TR. 81)

Es ist Freitagabend: Noelia, Rosita, Jordi und Chema sprechen gerade über ihre Pläne für den nächsten Tag.
Lesen Sie zuerst die Sätze. Hören Sie sich dann den Dialog an. Auf wen treffen diese Aussagen zu? Kreuzen Sie an. Eine Aussage kann auch auf mehrere Personen zutreffen.

		Chema	Jordi	Noelia	Rosita
1.	Piensa hacer deporte.				
2.	Va a salir con unos amigos.				
3.	Tiene que ayudar en casa.				
4.	Quiere ir de compras.				
5.	Va a ir a bailar.				
6.	Tiene que trabajar.				
7.	Va a ir al cine con unos amigos.				

Pläne und Absichten ausdrücken

Gut zu wissen:

Beachten Sie: Bei den Verben **querer**, **tener** und **pensar** wird der Stammvokal **e** ▸ **ie** in allen Formen außer in der ersten und zweiten Person Plural.

8

Sehen Sie sich die folgenden Strukturen und ihre Verwendung an.

- Mit **querer** *(wollen, möchten)* + Infinitiv wird eine Absicht geäußert:
  Quiero irme de vacaciones a Benidorm.
- Mit **tener ganas de** *(Lust haben auf)* + Infinitiv wird ein Wunsch und damit eventuell eine Absicht ausgedrückt:
  Tenemos ganas de pasear por la playa.
- Mit **ir a** + Infinitiv drückt man ein Vorhaben oder einen Plan in der nahen Zukunft aus:
  Mañana voy a hacer la reserva en la academia.
- Mit **pensar** *(vorhaben)* + Infinitiv kann man ebenso ein Vorhaben bzw. einen Plan ausdrücken:
  Pienso ahorrar un poquito.

9

2 TR. 82

Ordnen Sie die unten stehenden Pläne und Absichten dem entsprechenden Bild zu. Überprüfen Sie Ihre Lösungen mit Hilfe der CD.

remar – *rudern*
la barbacoa – *Grillparty*
el jardín – *Garten*

1.

2.

3.

a. Mi jefe va a hacer una barbacoa en el jardín este domingo.
b. Mis compañeros y yo pensamos ir a remar al Retiro.
c. El próximo verano pienso descansar y no hacer nada.

10

Und welche Pläne haben Sie? Beantworten Sie folgende Fragen. Im Begleitheft stehen Antwortvorschläge.

1. ¿Qué va a hacer el próximo sábado por la noche?
2. ¿Dónde piensa pasar sus próximas vacaciones?
3. ¿Qué quiere hacer el próximo año?
4. ¿Qué tiene ganas de hacer después del trabajo?

11

Pronomen mit Infinitiv können vorangestellt oder angehängt werden:
<u>Me</u> quiero ir de vacaciones.
Quiero ir<u>me</u> de vacaciones.

Dasselbe gilt für **tener que** + Infinitiv:
Tengo que ir<u>me</u>.
<u>Me</u> tengo que ir.

Und ebenso für **estar** + Gerundium:

Rosita está acostándo<u>se</u>.
Rosita <u>se</u> está acostando.

▸ § 29 Stellung der Pronomen

Gut zu wissen:
Beim Gerundium mit angehängtem Pronomen muss immer ein Akzent gesetzt werden, damit die Betonung erhalten bleibt:
leyendo ▸ **leyéndolo**

Schreiben Sie folgende Sätze um.

1. Mañana me tengo que levantar temprano.
2. ¿Te estás afeitando, Agustín?

12

ser + Adjektiv drückt dauerhafte Eigenschaften des Charakters bzw. Aussehens aus: **Doña Amparo <u>es</u> muy <u>amable</u>.**

estar + Adjektiv drückt einen vorübergehenden Zustand oder eine veränderliche Eigenschaft aus: **Doña Amparo <u>está contenta</u>.**

Sehen Sie sich jetzt folgenden Satz aus dem Dialog an.
Pero, abuela, ¿qué pasa que está tan generosa?
(Aber Großmutter, was ist los, warum so großzügig?)
Die besondere Großzügigkeit Doña Amparos wird hier als eine momentane Eigenschaft dargestellt, nicht als typisches Charaktermerkmal von ihr. Deshalb wird das Verb **estar** statt **ser** verwendet.

▸ § 19 ser / estar

Gut zu wissen:
Einige Adjektive haben eine unterschiedliche Bedeutung, je nachdem ob sie mit **ser** oder **estar** stehen, wie z. B.:
estar cansado / a – *müde sein*
ser cansado / a – *ermüdend sein*, z. B.: **un viaje cansado**

Wählen Sie jeweils das richtige Verb aus und schreiben Sie es in die Lücke.

1. Mi jefe es bastante antipático pero hoy *(ha estado / ha sido)* __________ muy simpático.
2. Carmen, ¡*(eres / estás)* __________ muy delgada! ¡Tienes que comer más!

***ser* und *estar* – Zeitpräpositionen**

13

▸ § 19 **ser / estar**

ser oder **estar**? Vervollständigen Sie die folgenden Dialoge jeweils mit dem richtigen Verb. Achten Sie immer auf den Zusammenhang!

1. • *(soy / estoy)* __________ muy nervioso.
   ○ ¿Cómo puede ser? ¡Si tú *(eres / estás)* ________ una persona muy tranquila!
2. • ¿Qué tal la fiesta de cumpleaños?
   ○ *(ha sido / ha estado)* __________ muy bien.
3. • *(eres / estás)* __________ muy seria hoy. ¿Te pasa algo?
   ○ Me duele mucho la cabeza.
4. • ¿Y cómo *(es / está)* __________ él?
   ○ ¡*(es / está)* __________ un chico fascinante! ¡Tienes que conocerlo!

14

▸ § 37 Präpositionen

Sehen Sie sich die folgenden Ausdrücke und Beispielsätze an.

- **hace** + Zeitraum *(vor)*:
  hace tres días / hace cinco meses / hace diez años / . . .
  Empezamos hace medio año aproximadamente.
- **desde** + Zeitpunkt *(seit)*:
  desde ayer / desde hoy / desde marzo / desde 2002 / . . .
  Mis amigas y yo vamos al bingo desde abril.
- **desde hace** + Zeitraum *(seit)*:
  desde hace tres días / desde hace cinco meses / desde hace diez años / . . .
  Mis amigas y yo vamos al bingo desde hace medio año.

CD 2 TR. 83

Setzen Sie die Ausdrücke in die richtigen Lücken und überprüfen Sie Ihre Lösungen mit Hilfe der CD.

desde – hace – desde hace

1. Estoy trabajando en este proyecto ______________ el año pasado.
2. No veo a mi familia ______________ meses.
3. Llegué a Madrid ______________ un año.

Gut zu wissen:
Einige Verben ändern ihre Schreibweise im Indefinido, damit die Aussprache erhalten bleibt, z. B. **llegar**: **(yo) llegué**

15

Vervollständigen Sie die Sätze mit **hace**, **desde** oder **desde hace**.

▸ § 37 Präpositionen

1. ¡No vamos al cine ________________ diez años!
2. Rosita trabaja en este museo ________________ el pasado octubre.
3. Estuve hablando con él ________________ unos días.
4. Viven aquí ________________ un par de meses.
5. ________________ hoy trabajo en un nuevo departamento.

16

Die betonten Possessiva können mit oder ohne bestimmtem Artikel stehen:

▸ § 34 Possessiva

Tus amigas no van al bingo, pero <u>las mías</u> sí.
Este dinero es <u>tuyo</u>, Charo.

2 TR. 84

Hören Sie den Dialog und ergänzen Sie den fehlenden Ausdruck.

Charo: Pero Amparo, coger dinero del bolso, a su edad …

Amparo: Ya lo sé, ____________ .

Die betonten Formen stehen nach dem Substantiv, wenn das Possessivum besonders betont wird:

Yo no conozco a esas amigas <u>tuyas</u>.

Die unbetonten Possessiva stehen immer vor dem Substantiv:

Noelia es <u>mi</u> nieta.

Die Formen aller unbetonten und betonten Possessiva können Sie in der Grammatik im Begleitheft nachlesen.

Gut zu wissen:
In bestimmten Ausrufen wie **¡Dios mío!** *(mein Gott!)* und Ausdrücken wie **hijo mío** *(mein Junge)*, **amigo mío** *(mein Freund)* stehen die betonten Possessiva nach dem Substantiv.

17

Vervollständigen Sie die Sätze mit der passenden Form.

1. Y *(sus / suyos)* _______ hijos, ¿qué estudian?
2. Ayer conocí a un primo *(tu / tuyo)* _______ .
3. ¿Dónde tienes *(tus / tuyas)* _______ cosas?
4. *(mis / mías)* ______ gafas están aquí, pero no veo las *(tus / tuyas)* _______ .
5. Ana es amiga *(su / suya)* _______ , ¿no?

Ein Puzzle – Interkulturelles: Spanische Glücksspiele

18

Bilden Sie aus jeweils zwei Puzzleteilen komplette Sätze bzw. Fragen.

¿Adónde piensas

¿Pero qué

hablar con él!

El próximo año voy a hacer

Perdona, no

que no te han dicho nada?

ir el próximo verano?

Siento

¿Cómo es

ganas de tomar nada?

¿Qué quieres hacer

¿No tienes

sabía que estabas aquí.

a ir a la fiesta de Noelia.

el día de tu cumpleaños?

pasa que no vienes?

El próximo fin de semana vamos

¡Qué ganas tengo de

un curso de inglés.

mucho llegar tarde.

19

Außer Bingo sind noch andere Glücksspiele in Spanien sehr verbreitet. Das älteste und bedeutendste davon ist die **Lotería Naciona**l. Jedes Jahr am 22.12. findet der traditionelle **Sorteo Extraordinario de Navidad** *(Extra-Weihnachtsverlosung)* statt. Der erste Preis, d.h. das große Los, wird **El Gordo** (wörtlich: *der Dicke*) genannt. Wenige widerstehen der Versuchung, ein Los, ein Zehntel-Los oder einen Anteil davon zu kaufen.
Eine weitere Lotterie findet täglich statt: **el Cupón de la ONCE** (**Organización Nacional de Ciegos Españoles**) *(Nationale Blindenorganisation Spaniens).*
Außerdem sind die **Lotería Primitiva** und die **Bonoloto** sehr beliebt – dabei geht es um die Kombination bestimmter Zahlen. Sehr verbreitet ist natürlich auch die **Quiniela de fútbol** *(Fußballtoto).*

2 TR. 85

Auf dem Bild sehen Sie zwei Zehntel-Lose der **Lotería Nacional**.
Wählen Sie eins aus und hören Sie dann, ob Sie gewonnen haben!

Interkulturelles

1 TR. 86

Hören Sie sich auf der CD einen Werbespot über Reisen nach Yucatán in Mexiko an und lesen Sie die in dem Werbespot genannten Wörter in der angegebenen Reihenfolge mit. Ordnen Sie dann die Übersetzungen unten den entsprechenden spanischen Begriffen zu.

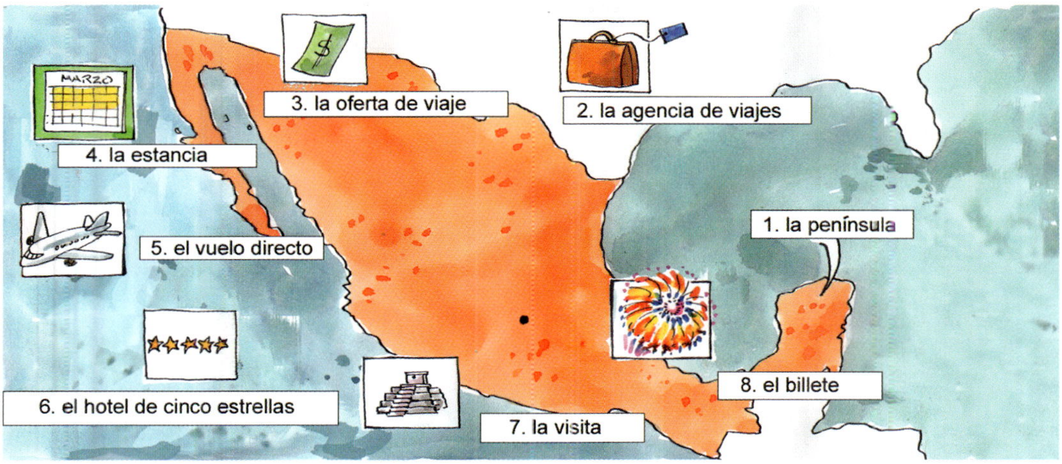

■ a. *Reiseangebot* – ■ b. *Flugschein* – ■ c. *Fünfsternehotel* – ■ d. *Reisebüro* – ■ e. *Besichtigung* – ■ f. *Aufenthalt* – ■ g. *Direktflug* – ■ h. *Halbinsel*

2 TR. 87

Hören Sie sich die Sätze auf der CD an und sprechen Sie sie nach. Können Sie sie mit der entsprechenden Übersetzung verbinden?

1. A ella le encanta navegar por internet.
2. Vamos a introducir primero el CD-ROM.
3. Tengo que enviar un par de "emilios".
4. ¿Por qué no miras en ese portal?
5. ¿Sabéis cómo instalar el nuevo programa?
6. La pantalla es un poco pequeña.
7. Él es un experto en informática.
8. El ordenador se ha colgado otra vez.

a. *Er ist ein Informatikexperte.*
b. *Der Computer ist schon wieder abgestürzt.*
c. *Warum schaust du nicht auf dieser Homepage?*
d. *Der Bildschirm ist ein bisschen klein.*
e. *Wir werden zuerst die CD-ROM einlegen.*
f. *Wisst ihr, wie man das neue Programm installiert?*
g. *Ich muss ein paar E-Mails schicken.*
h. *Sie surft sehr gern im Internet.*

Gut zu wissen:

Der Ausdruck **emilio** ist eine umgangssprachliche Form für E-Mail. Man benutzt auch den Ausdruck **correo electrónico** oder einfach das englische Wort **e-mail**.

Die Reise von Noelia und Chema

3

2 TR. 88

Es ist klar, dass zwischen Noelia und Chema mehr als eine Freundschaft besteht. Noelia ist bei Chema. Sie sitzen vor dem Computer und wollen eine Reise nach Mexiko im Internet buchen. Sehen Sie sich die Bilder an und hören Sie sich den Dialog mehrmals an.

4

2 TR. 88

Hören Sie sich den Dialog an und beantworten Sie die Fragen, indem Sie die richtigen Lösungen ankreuzen.

1. ¿Qué lugares deciden visitar Noelia y Chema?
   a. ■ Ciudad de México.
   b. ■ Uxmal, Chichén-Itzá y Tulúm.
   c. ■ Yucatán y Ciudad de México.

salir – *starten*
durar – *dauern*
utilizar – *benutzen*

2. ¿A qué hora sale el avión de Madrid?
   a. ■ A las doce y media de la mañana.
   b. ■ A las dos y media de la mañana.
   c. ■ A las dos y media de la tarde.

3. ¿Cuántas horas dura el vuelo a México?
   a. ■ Casi doce horas.
   b. ■ Casi once horas.
   c. ■ Cinco horas y cuarto.

4. ¿Cuántas estrellas tiene el hotel de Mérida?
   a. ■ Dos.
   b. ■ Tres.
   c. ■ Cuatro.

5. ¿Para qué utiliza Chema el ordenador de casa?
   a. ■ Sólo para navegar por internet.
   b. ■ Sólo para escribir "emilios".
   c. ■ Para escribir "emilios" y navegar por internet.

5
2 TR. 89

Hören Sie sich folgende Sätze auf der CD an und sprechen Sie sie nach. Sehen Sie sich dann die Übersetzungen unten an.

1. Vamos a seguir buscando.
2. ¡Ay, qué lento es este ordenador!
3. ¡Ah, pero el vuelo no está incluido!
4. Vamos a mirar en el portal de Iberia.
5. ¡Se me ha colgado el ordenador! ¡Qué fastidio!

a. *Lass uns weitersuchen.*
b. *Mensch, ist dieser Computer langsam!*
c. *Ach, aber der Flug ist nicht inbegriffen!*
d. *Lass uns auf der Homepage von Iberia nachsehen.*
e. *Der Computer ist abgestürzt! Wie ärgerlich!*

6
2 TR. 88

Hören Sie sich den Dialog an und lesen Sie den Text im Begleitheft mit. Unterstreichen Sie nun die drei Vergleichsätze im Text. Schreiben Sie dann das Zahlungsmittel in die Sprechblase, womit man im Internet bezahlen kann.

7
2 TR. 90

Agustín ruft bei einem Reisebüro an, um ein Flugticket zu kaufen. Hören Sie sich den Dialog auf der CD an und kreuzen Sie die Aussagen an, die auf das Gespräch zutreffen.

1.	Agustín llama por teléfono a la agencia de viajes "Hispania".	
2.	Agustín quiere viajar a Sevilla el próximo fin de semana.	
3.	Agustín piensa viajar solo.	
4.	El vuelo sale de Madrid a las seis y diez de la tarde.	
5.	El vuelo dura más o menos una hora.	
6.	El billete de avión cuesta 150 euros.	
7.	Agustín tiene que ir a la agencia antes del jueves.	
8.	Agustín prefiere pagar con tarjeta de crédito.	

seguir + Gerundium – Die Relativpronomen el / la / los / las que

▸ § 18 Gerundium

Gut zu wissen:
Das Verb **seguir** ist unregelmäßig: Der Vokal im Stamm **seg-** wird zu **sig-** bei allen Personen außer der ersten und zweiten Person Plural.

Gut zu wissen:
Wird das Pronomen an das Gerundium angehängt, ist ein Akzent erforderlich, damit die Betonung auf der gleichen Silbe des Verbs erhalten bleibt.

8

Sie kennen schon das Verb **pasar** *(verbringen)* mit Gerundium. Das Gerundium kann auch mit anderen Verben stehen, die eine Dauer oder Fortsetzung einer Handlung ausdrücken, wie z.B. **seguir** *(weitermachen)*.

2 TR. 91

Hören Sie sich auf der CD an, was Chema sagt, und vervollständigen Sie den Satz mit dem fehlenden Wort.

Vamos a seguir ____________, a ver si encontramos algo.

Wenn der Satz ein direktes Pronomen enthält, steht dieses entweder vor dem Verb **seguir** oder es wird an das Gerundium angehängt:

Lo sigo buscando. / Sigo buscándolo.

9

Vervollständigen Sie den Text der E-Mail, die Chema an seinen Freund schreibt.

¡Hola, Borja! ¡Noelia y yo nos vamos a México! Bueno, de momento estamos mirando __________ de __________ en internet. Hoy hemos encontrado una realmente interesante con __________ en hotel de cuatro __________ pero, claro, el __________ no estaba incluido. Vamos a tener que seguir buscando porque sin vuelo __________, va a ser mucho más caro.

¡Hasta el próximo __________!

▸ § 35 Relativpronomen

Gut zu wissen:
Der Ausdruck **lo que** bedeutet *(das) was*:
¿Sabes lo que pasa?
(Weißt du, was los ist?)

10

El / la / los / las que sind Relativpronomen, die für Sachen und Personen verwendet werden. Sie sind eine Kombination aus dem bestimmten Artikel und **que**:

El que tengo en la oficina es mucho mejor.
(Der, den ich im Büro habe, ist viel besser.)

El / la / los / las que stehen auch in Verbindung mit Präpositionen:

2 TR. 92

Hören Sie sich folgenden Satz auf der CD an und schreiben Sie die fehlenden Wörter in die Lücke.

¡Por fin vamos a ver las pirámides **de** __________ tanto nos ha hablado Rosita!

11

Vergleichen Sie die folgenden Sätze:
Utilizo <u>este ordenador</u> sólo para navegar por internet.
<u>Este ordenador</u>, <u>lo</u> utilizo sólo para navegar por internet.

▸ § 26 Direkte Pronomen

Wenn das direkte Objekt (hier: **ordenador**) vor dem Verb steht, so muss es durch das entsprechende direkte Pronomen (hier: **lo**) wiederholt werden. Das direkte Objekt wird vorangestellt, um es zu betonen.

Gut zu wissen:
Häufig steht nach einem vorangestellten Objekt ein Komma, es ist aber nicht unbedingt erforderlich.

Setzen Sie die direkten Pronomen in die richtigen Lücken.

la – lo – las – los

1. Estos billetes, ______ ha pagado la abuela.
2. A tu amiga mexicana, ______ visitamos, ¿no?
3. Las vacaciones, ______ podemos pasar aquí.
4. El viaje, ______ vamos a hacer este año.

12

Sehen Sie sich folgenden Satz von Chema aus dem Dialog an.

¡Se <u>me</u> ha colgado el ordenador!
(Der Computer ist abgestürzt!)

▸ § 30 Dativo de interés

Chema könnte auch gesagt haben:

¡Se ha colgado el ordenador!

Das Pronomen **me** wird **Dativo de interés** genannt. Es hat die Funktion, das Interesse des Sprechers daran zu zeigen, was ihm oder jemandem anderen geschieht bzw. geschehen ist. Damit wird also die Betroffenheit und innere Anteilnahme des Sprechenden am Geschehen ausgedrückt.

Sehen Sie sich hier zur Wiederholung alle indirekten Pronomen an:

me te le nos os les

Vervollständigen Sie mit Hilfe der in Klammern angegebenen Wörter den folgenden Satz mit dem richtigen Pronomen.

¡Se *(a nosotros)* ______ ha colgado el ordenador!

Im Hotel – Ein Zimmer reservieren

13

2 TR. 93

Hier sehen Sie Sätze, die in Situationen im Hotel verwendet werden. Hören Sie sich diese auf der CD an und sprechen Sie sie nach. Verbinden Sie sie dann mit der entsprechenden Übersetzung.

1. Quisiera reservar una habitación doble.
2. ¿Tiene aire acondicionado la habitación?
3. ¿Me puede dejar su carnet de identidad?
4. ¿Tienen habitaciones libres para esta noche?
5. ¿Está incluido el desayuno en el precio?
6. ¿Tienen habitaciones individuales?

a. *Hat das Zimmer Klimaanlage?*
b. *Haben Sie Einzelzimmer?*
c. *Können Sie mir Ihren Personalausweis geben?*
d. *Ist das Frühstück im Preis inbegriffen?*
e. *Ich möchte ein Doppelzimmer reservieren.*
f. *Haben Sie Zimmer frei für heute Nacht?*

14

Lesen Sie die E-Mail, die Agustín an ein Hotel geschrieben hat, um ein Zimmer zu reservieren. Setzen Sie dann die Begriffe in die richtigen Lücken. Konnten Sie die Bedeutungen der unbekannten Wörter aus dem Zusammenhang erschließen? Vergleichen Sie Ihre Vermutungen mit den Übersetzungen unten.

Gut zu wissen:
Es gibt in spanischen Doppelzimmern (**la habitación doble**) sowohl getrennte Betten (**camas individuales/separadas**) als auch Ehe-/Doppelbetten (**la cama matrimonial**). Deshalb ist es immer empfehlenswert nachzufragen.

atentamente – aparcamiento – doble – nombre – reservar – estimados – restaurante

________________ señores:

Mi ________________ es Agustín Giménez. Me gustaría ________________ en su hotel una habitación ________________ con cama matrimonial para los días 23 y 24 del presente mes. También me gustaría saber si el hotel dispone de servicio de ________________ y de ________________ propio.

Les saluda ________________,

Agustín Giménez

el nombre – *Name*
presente – *diese/r/s*
disponer – *verfügen*
el servicio – *Service*
el aparcamiento – *Parkplatz*
propio/a – *eigene/r/s*
Estimados señores – etwa: *Sehr geehrte Damen und Herren*
Les saluda atentamente – etwa: *Mit freundlichen Grüßen*

15 TR. 94

In Spanien ist **¿Diga? / ¿Dígame?** die übliche Form, sich als Person am Telefon zu melden (Firmen melden sich natürlich mit ihren Namen).
In Mexiko meldet man sich dagegen mit **¡Bueno!** am Telefon.

Hier sehen Sie einige Redemittel am Telefon. Hören Sie sich diese auf der CD an und lesen Sie mit.

Um nach jemandem zu fragen:

> **Hola, ¿está Agustín?**
> **Quería hablar con el señor Giménez.**

Um um Auskunft zu bitten:

> **Por favor, ¿me da el número de teléfono del hotel Alcora en Sevilla?**

Um zu fragen, wer der Anrufer ist:

> **¿De parte de quién?**

Um die gewünschte Person weiterzugeben:

> **Sí, ahora se pone.**
> **Sí, un momento, no cuelgue.**

Um zu sagen, dass sich der Anrufer verwählt hat:

> **Se ha equivocado.**
> **No es aquí.**

TR. 95

Hören Sie sich das Telefongespräch zwischen Charo und einem Anrufer auf der CD an. Übernehmen Sie dann die Rolle von Charo und vervollständigen Sie den Dialog.

Sie melden sich am Telefon: ____

> *Anrufer:* Hola, buenos días. Quería hablar con el señor Giménez.

Sie fragen, wer der Anrufer ist: ____

> *Anrufer:* Soy Alejandro Cifuentes.

Sie bitten um einen Augenblick Geduld und sagen, dass die gewünschte Person gleich ans Telefon kommt: ____

____

> *Anrufer:* Gracias.

Ein Kreuzworträtsel – Interkulturelles: Die Halbinsel Yucatán

16

Können Sie die in dem Kreuzworträtsel gesuchten Wörter finden? Tragen Sie die Lösungen in die entsprechenden Felder ein.

1. Algo que se puede instalar en el ordenador.
2. Una parte del ordenador.
3. A los expertos en … les encantan los ordenadores.
4. Otra palabra para e-mail.
5. Una actividad que se hace por internet.
6. Cuando el ordenador no sigue funcionando decimos que se ha …
7. Muchas agencias de viajes tienen en internet su propio …

17

Die klassische Maya-Kultur entwickelte sich in den ersten Jahrhunderten n.Chr. im Südosten Mexikos, in Guatemala, Belize, Honduras und in El Salvador. Während des Höhepunkts dieser Kultur um 750 n. Chr. siedelten, so schätzen Experten, allein im Tiefland der Yucatán-Halbinsel im heutigen Mexiko zwischen drei und dreizehn Millionen Menschen.
Die Mayakultur war in vieler Hinsicht die am weitesten entwickelte aller altamerikanischen Kulturen. Sie verfügten über eine komplexe Schrift, einen genauen Kalender und über astronomische Kenntnisse.

Interkulturelles

Die Kultur der Maya lebt bis heute auf der Yucatán-Halbinsel weiter, wo man die Maya-Sprache spricht und an alten Sitten und Gebräuchen festhält. Mitten in der heutigen Mayakultur stehen die zeremoniellen Zentren der alten Baumeister mit ihren eindrucksvollen Pyramidentempeln, wie z.B. **Uxmal**, **Tulúm** (nicht weit von dem heutigen Touristenort **Cancún** entfernt) und **Chichén-Itzá**, die damalige Hauptstadt von Yucatán.
Die heutige Hauptstadt Yucatáns ist **Mérida**, 1542 gegründet, berühmt für seine Kathedrale und die alten historischen Viertel.

Richtig reagieren – Gefühle und Stimmungen beschreiben

1

2 TR. 96

Ordnen Sie die spanischen Sätze rechts den richtigen Umschreibungen links zu. Überprüfen Sie dann Ihre Lösungen mit Hilfe der CD und sprechen Sie die Sätze nach.

1. *eine Gewohnheit in der Vergangenheit beschreiben*	a. Quisiera reservar una habitación doble.
2. *am Telefon fragen, wer der Anrufer ist*	b. ¡Qué pronto habéis llegado!
3. *eine Absicht ausdrücken*	c. Jugábamos con el balón en la playa o íbamos a caminar.
4. *Überraschung ausdrücken*	d. ¿De parte de quién?
5. *eine Reservierung im Hotel machen*	e. El próximo verano pienso descansar y no hacer nada.

2

Verbinden Sie die Sätze auf der linken Seite mit den passenden Reaktionen auf der rechten Seite.

1. Jordi y yo queremos darte este regalo.	a. En Madrid hacía sol, pero hacía bastante frío.
2. ¿A ti te gusta el chile con carne?	b. Pienso irme de vacaciones.
3. Oye, Jordi, ¿qué piensas hacer después de las prácticas?	c. Ah, sí, perdona; pensé que era el mío.
4. Creo que has cogido mi teléfono móvil.	d. ¡Esto sí que no me lo esperaba!
5. Hola, buenos días. Quería hablar con el señor Giménez.	e. ¿Ese plato de carne con frijoles? ¡Me encanta!
6. ¿Qué tal vuestro viaje por España? ¿Tuvisteis buen tiempo?	f. Un momento, por favor; ahora se pone.

3

2 TR. 97

Hören Sie sich zuerst den Dialog zwischen Charo und Noelia an. Und Sie, wie fühlen Sie sich? Sind Sie müde, gelangweilt, zufrieden? Können Sie erklären warum? Schreiben Sie Ihre Antwort auf ein Extrablatt. Im Begleitheft stehen Antwortvorschläge.

Pläne und Absichten ausdrücken – Fragen beantworten

4

Vervollständigen Sie die Sätze, indem Sie die Verbformen in die richtigen Lücken setzen.

piensa – piensas – va – pensáis – vamos – voy

1. • Y vosotros, ¿qué ______________ hacer este fin de semana?
   ○ ______________ a visitar a unos amigos.
2. • ¿Adónde ______________ irse tu abuela de vacaciones?
   ○ Ella ______________ a ir a Benidorm.
3. • ¿Qué ______________ hacer después del verano, Rosita?
   ○ Me ______________ a trabajar a Barcelona.

5

Lesen Sie die Fragen und kreuzen Sie jeweils die passende Antwort an.

1. ¿Qué vais a hacer hoy?
a. ■ Creo que quiere irse a trabajar a Barcelona.
b. ■ En abril quiero visitar Sevilla.
c. ■ Mi mujer y yo pensamos salir a cenar.

2. ¿Qué hacía ella antes?
a. ■ Había un ambiente muy agradable.
b. ■ Trabajaba en una empresa internacional.
c. ■ Todos los años iban a hacer montañismo.

6

Lesen Sie die folgenden Fragen und beantworten Sie sie. Wenn Sie fertig sind, können Sie die Antwortvorschläge im Begleitheft lesen.

1. ¿Qué tiempo hace hoy?
2. De niño, ¿qué hacía usted después del colegio?
3. ¿Desde cuándo vive usted aquí?
4. ¿Qué va a hacer usted mañana?
5. ¿Adónde piensa ir de vacaciones el próximo año?
6. ¿Para qué utiliza usted el ordenador?

7

Sehen Sie sich die in Klammern angegebenen Verben im Indefinido und Imperfekt an und schreiben Sie die richtige Form in die Lücken.

§ 16 Indefinido

§ 17 Imperfekt

1. ¿Tú no *(diste / dabas)* ________________ antes un paseo todos los días?
2. *(estuvimos / estábamos)* ____________ cenando tranquilamente, cuando nos lo *(dijeron / decían)* ________________.
3. ¿*(fuisteis / íbais)* ________________ al cine ayer por la noche?
4. Cuando era pequeña me *(encantó / encantaba)* ___________ ir a la playa.
5. El año pasado *(viajaron / viajaban)* ______________ a Cuba.
6. *(hizo / hacía)* ____________________ tanto frío en la calle que *(decidimos / decidíamos)* __________________ regresar.
7. El otro día *(vi / veía)* ________________ a Chema hablando con Charo.
8. Él antes *(almorzó / almorzaba)* ___________ en la cantina de la empresa.

Gut zu wissen:
Das Imperfekt beantwortet die Frage: *Wie war es?*
Das Indefinido bzw. Perfekt beantwortet die Frage: *Was ist passiert?*

8

Vervollständigen Sie den Text, indem Sie die richtigen Formen in die Lücken setzen. Einige Wörter bleiben übrig!

estábamos – quisimos – íbamos – propuso – estuvimos – fue – queríamos – fuimos – era – proponía

_____________ tardísimo, todos _____________ muy cansados y _____________ irnos a casa. __________ a tomar un taxi, cuando entonces Rosita, de repente, ___________ ir a desayunar chocolate con churros …

9

Vervollständigen Sie die Sätze mit der Präposition **a**, wo es notwendig ist.

§ 31 Direktes Objekt

1. Estamos buscando _____ el Museo Reina Sofía.
2. Voy a llamar _____ la agencia de viajes.
3. ¿Habéis visto _____ Rosita en el restaurante?

*Zeitpräpositionen – Direkte Pronomen – **seguir** + Gerundium – **ser** und **estar***

10

▶ § 37 Präpositionen

Erinnern Sie sich noch an folgende Ausdrücke?

hace + Zeitraum = *vor*
desde + Zeitpunkt = *seit*
desde hace + Zeitraum = *seit*

Ergänzen Sie nun die folgenden Sätze jeweils mit dem passenden Ausdruck.

1. Chema y Noelia están en México __________________ el jueves pasado.
2. Los chicos se conocen __________________ mucho tiempo.
3. Mi mujer y yo estuvimos en Sevilla ________________ un par de semanas.

11

▶ § 26 Direkte Pronomen

Vervollständigen die Sätze mit dem richtigen direkten Pronomen.

1. Esos libros, se __________ he regalado yo.
2. Esta lechuga, ¿__________ has comprado en el supermercado?
3. Las chuletas, __________ preparan muy bien en Casa Pancho.
4. A Agustín, no __________ hemos visto hoy.

12

▶ § 18 Gerundium

Vervollständigen Sie die folgenden Sätze mit der entsprechenden Form des Verbs **seguir**.

1. ¿ __________ trabajando en la misma empresa, Jordi?
2. Pero, chicos, ¿todavía __________ buscando vuelos a México?
3. Yo __________ viviendo en esta calle, pero ahora en el número 3.

13

▶ § 19 **ser / estar**

Vervollständigen Sie die folgenden Sätze mit den Verben **ser** und **estar**.

1. Mi marido __________ muy activo; siempre está haciendo algo.
2. Hoy __________ muy amable conmigo. A ver, ¿qué me quieres pedir?
3. Los chicos __________ muy contentos porque por fin han encontrado un vuelo.

14

Erinnern Sie sich an die Monate? Schreiben Sie die fehlenden in die Lücken.

Los meses del año son:

enero, __________, marzo,

abril, mayo, __________,

__________, __________, septiembre,

__________, noviembre y diciembre.

15

Ordnen Sie die Sätze unten den richtigen Bildern zu. Einige Ausdrücke bleiben übrig!

1.

2.

3.

4.

5.

a. Llueve mucho. – b. Hace mucho frío. – c. Nieva. – d. Está nublado. – e. Hay niebla. – f. Hace sol. – g. Hace viento. – h. Hace calor.

16

Sehen Sie sich die Bilder an und vervollständigen Sie die Ausdrücke mit dem fehlenden Wort.

1. Hace __________.

2. Hay __________.

3. Está __________.

4. Hace __________.

Gefühle und Stimmungen – Wörter finden

17

Sehen Sie sich die Bilder an. Welche Begriffe passen zu den jeweiligen Bildern?

1. Jordi está
   a. ■ enfermo.
   b. ■ nervioso.
   c. ■ aburrido.

2. Noelia está
   a. ■ triste.
   b. ■ contenta.
   c. ■ preocupada.

3. Agustín está
   a. ■ agotado.
   b. ■ enfadado.
   c. ■ triste.

18

Die gesuchten Wörter stehen in Verbindung mit dem Thema „Sprachkurse". Bringen Sie die Buchstaben in die richtige Reihenfolge. Bei Substantiven sind in der Buchstabenreihe auch die bestimmten Artikel enthalten.

1. luracalaímt ____________
2. adnerper ____________
3. eimaolldp ____________

19

Finden Sie jeweils das Wort, das nicht zu den restlichen passt, und markieren Sie es.

1.	2.	3.	4.
cuñado	rojo	alfombra	agradable
hermana	mosto	silla	collar
nieto	refresco	sangría	sincero
bombero	zumo	estantería	tímida

5.	6.	7.	8.
agenda	fotógrafo	merluza	marido
balcón	abierto	albóndigas	cebolla
cartera	profesor	bacalao	arroz
gafas	médica	furgoneta	harina

20

Lesen Sie die folgenden Fragen und kreuzen Sie jeweils die richtige Antwort an.

1. ¿Qué pueblo vivía en el centro de México?
   a. ■ los incas
   b. ■ los aztecas
   c. ■ los mayas

2. ¿Qué ciudad de los mayas está situada en la costa de Yucatán?
   a. ■ Tulúm
   b. ■ Chichén-Itzá
   c. ■ Uxmal

el pueblo – *Volk*
la costa – *Küste*
situado / a – *gelegen*

21

Wie heißen diese Wörter auf Spanisch? Schreiben Sie die Wörter mit dem entsprechenden bestimmten Artikel (**el** oder **la**) auf.

1. Aufenthalt – 2. Reise – 3. Flugschein – 4. Flug – 5. Unterkunft

22

Vervollständigen Sie die Postkarte, die Noelia an ihre Familie schreibt. Zum Teil sind auch mehrere Lösungen möglich.

¡Hola, familia!

¡Por __________ estamos en Yucatán! El viaje de Madrid a Mérida __________ un poco largo, pero muy divertido.

Nuestro __________ es muy bonito. Está en la parte antigua de la __________. Tiene restaurante y también una pequeña piscina.

Ayer __________ Uxmal, uno de los centros arqueológicos más importantes de Yucatán. A Chema y a mí __________ gustó mucho.

Mañana __________ a visitar Chichén-Itzá y después pensamos __________ a Tulúm.

Un beso, Noelia y Chema

Wortbindung – Mexikanische Gerichte

23 TR. 98

Wie Sie schon wissen, werden die Wörter im spanischen Satz verbunden. Wortbindung findet auch statt, wenn ein Wort mit **h** beginnt, da dieser Konsonant nicht ausgesprochen wird.

Hören Sie sich die folgenden Sätze an und achten Sie dabei auf die Wortbindung. Sprechen Sie die Sätze nach.

Vamo**s a** seguir buscando, a ver si encontramo**s a**lgo …

Yo no conozco a esa**s a**migas tuyas.

Le ofrecemos las mejore**s o**fertas de viaje.

A ella le encanta navegar po**r i**nternet.

24 TR. 99

Hören Sie sich auf der CD die Definitionen von vier mexikanischen Gerichten an und verbinden Sie diese mit dem entsprechenden Gericht.

1.	a. Pozole
2.	b. Quesadilla
3.	c. Mole
4.	d. Enchilada

PASSEND ZU IHREM SPRACHKURS...

STANDARDWÖRTERBUCH SPANISCH

Spanisch-Deutsch / Deutsch-Spanisch

Ideal für den Einstieg in eine neue Sprache

Ca. 75.000 Stichwörter und Wendungen. Prüfungswortschatz (europäisches Sprachenzertifikat und VHS-Zertifikat). Infokästen zu Kultur, Land und Leuten. Nützliche Redewendungen für den täglichen Gebrauch und Musterbriefe. Blaue Stichwörter. Verbtabellen und Kurzgrammatik. Mit abwischbarem Umschlag.
Format: 12,5 x 19,5 cm. Ca. 1.100 Seiten.

ISBN-10: 3-12-**517303**-5
ISBN-13: 978-3-12-**517303**-3

GRAMMATIK KURZ & BÜNDIG SPANISCH

Kompaktes Wissen im handlichen Format

Grammatik einfach und verständlich zum Nachschlagen. Übersichtliche Gliederung, leicht verständliche Erklärungen und einfache Beispielsätze; zweifarbiges Layout.
Format: 12,5 x 20,8 cm. 114 Seiten.

ISBN-10: 3-12-**561147**-4
ISBN-13: 978-3-12-**561147**-4

GRAMMATIK AUF EINEN BLICK SPANISCH

Kompaktes Wissen auf sechs Seiten zum Aufklappen mit Lochung zum Einordnen in jeden Ordner. Schnell, effizient und übersichtlich: Ideal für unterwegs und zu Hause. Aus strapazierfähigem, abwischbarem Material. Format: DIN A4.

ISBN-10: 3-12-**560705**-1
ISBN-13: 978-3-12-**560705**-7

VERBTABELLEN SPANISCH

Übersichtliche, zweifarbige Konjugationstabellen der wichtigsten spanischen Verben.
Mit deutschen Übersetzungen aller Verben.
Klare Regeln zur Bildung aller Zeitformen.
Format: 15,2 x 20,8 cm. 107 Seiten.

ISBN-10: 3-12-**561158**-X
ISBN-13: 978-3-12-**561158**-0

VERBEN AUF EINEN BLICK SPANISCH

Griffbereit zum Nachschlagen und Lernen

Die Konjugation der Verben. Vorstellung der Regelkonjugation, der Hilfsverben sowie der häufigsten unregelmäßigen Verben. Das Extra: mit nützlicher Übersicht über den Gebrauch der Zeiten. Durch die seitliche Lochung bequem in jedem Ordner unterzubringen.
Aus strapazierfähigem, abwischbarem Material.
Format: DIN A4.

ISBN-10: 3-12-**560664**-0
ISBN-13: 978-3-12-**560664**-7

PONS

www.pons.de

Bildquellen:

S. 18 Eduard Bader, Esslingen *(Zwei Personen, die sich begrüßen)*
S. 26 Klaus Thiele, Warburg *(Plaza Real, Madrid)*
S. 26 Spanisches Fremdenverkehrsamt, München *(El Rastro, Madrid)*
S. 26 Magdalena Witkowski *(Puerta del Sol, Madrid)*
S. 26 Magdalena Witkowski *(Museo de Arte Moderno Reina Sofía, Madrid)*
S. 34, S. 49 Andrea Laufer-Newcomb, Böblingen *(Zócalo mit der Kathedrale in Mexiko City)*
S. 34 Mexikanisches Fremdenverkehrbüro, Frankfurt / Main *(Pirámide, Mexiko)*
S. 58 Eduard Bader, Esslingen *(Zwei Personen auf der Straße)*
S. 74 EKS GmbH, Stuttgart *(Visitenkarte)*
S. 89 EKS GmbH, Stuttgart *(Retiro, Madrid)*
S. 98 EKS GmbH, Stuttgart *(Zubereitung einer Tortilla)*
S. 98 EKS GmbH, Stuttgart *(Tortilla española)*
S. 98 EKS GmbH, Stuttgart *(Mexikanisches Gericht)*
S. 106 University of Kentucky, Lexington *(In einer Tapería)*
S. 106 University of Kentucky, Lexington *(Personen, die Tapas essen)*
S. 115 EKS GmbH, Stuttgart *(Speisekarte)*
S. 122 Roger Gill, Tübingen *(in einem Restaurant)*
S. 129 EKS GmbH, Stuttgart *(Catedral Nueva de Salamanca)*
S. 138 Eduard Bader, Esslingen *(Terraza, Madrid)*
S. 138 University of Kentucky, Lexington *(Churros con chocolate, spanische Spezialität)*
S. 146 Getty Images, München *(Mais)*
S. 154 EKS GmbH, Stuttgart *(Lotteriescheine, Spanien)*
S. 162 Mexikanisches Fremdenverkehrbüro, Frankfurt / Main *(Ruinas de Tulum, Mexiko)*
S. 162 Dominique Nißler, Stuttgart *(Mérida, Mexiko)*
S. 169 Dominique Nißler, Stuttgart *(Ruinas Mayas de Uxmal, Mexiko)*

Aufnahme, Schnitt und Mastering:
Ton in Ton Medienhaus, Stuttgart

Schnitt:
ARTist Tonstudios, Pfullingen

Sprecher:
María Begoña Abaitua de Nägele
Svetlana Pavlovic López
Beatriz Eugenia Alba de Berger
Susanne Schmitz
Elena Alvarez
Enrique Ugarte
José Cadiñanos
Mónica Cociña Iglesias
Cristóbal Delgado Cervera
Miguel Freire Gómez
María Engracia López Sánchez
Carlos Ortega

Notizen

Notizen

Notizen

Notizen